TROP VITE !

Fondateur du groupe Expansion, président de la revue *Psychologies* dont il a assuré l'incroyable succès, Jean-Louis Servan-Schreiber est aussi l'auteur de plusieurs ouvrages, dont ces best-sellers que sont toujours *Le Nouvel Art du temps* et *Vivre content.*

Paru dans Le Livre de Poche :

LE NOUVEL ART DU TEMPS

VIVRE CONTENT

JEAN-LOUIS SERVAN-SCHREIBER

Trop vite !

Pourquoi nous sommes prisonniers du court terme

ALBIN MICHEL

www.tropvite.fr

Illustrations de Xavier Gorce
site : www.indegivrables.com

ISBN : 978-2-253-16165-3 – 1re publication LGF

À mon père Émile, premier journaliste de la famille.
Il a parcouru le monde, mais savait aussi prendre son temps.

je vous propose d'éditer mon manuscrit
c'est une réflexion sur les conséquences de l'obsession de la rapidité
Ça se lit vite ?

Introduction

Les caprices du progrès

Le progrès nous a joué un drôle de tour ! Apparemment, il a tout fait pour nous libérer du temps, nous permettre de l'utiliser au mieux, et pourtant nous continuons à y vivre à l'étroit. Les machines rendent nos tâches matérielles moins longues à accomplir, les transports se comptent en heures et non plus en jours ou semaines, les communications électroniques nous évitent même, de plus en plus souvent, de nous déplacer. Simultanément, le progrès, qui est social autant que scientifique, a spectaculairement réduit notre temps de travail. Ne travaillons-nous pas trois fois moins de jours par an qu'il y a un siècle ? Pourquoi continuons-nous à trouver que tout va trop vite, que nous sommes débordés, que nous ne parvenons pas à faire tout ce qui est nécessaire, sans parler de ce que nous aimerions accomplir ? Où est la faille ?

Cette question m'habite depuis trente ans. J'ai observé comment je le vivais dans ma propre existence et celle de mes proches. J'ai étudié les méthodes de « gestion de temps ». Un terme qui m'a toujours paru trivial, comme si, pour un poisson, la question de l'eau se ramenait au nettoyage des filtres de son aquarium. J'en ai tiré une première réflexion en 1983 dans mon essai, *L'Art du temps*. Elle partait d'une évidence : nous ne pouvons pas agir sur le temps, immuable, mais seulement sur l'usage que nous en faisons. De là s'ouvrait un vaste champ d'action, pour nous permettre de desserrer l'étau, de commencer à nous sentir mieux, au moins à titre individuel. Mais à quoi servent nos améliorations personnelles, si nous les vivons dans un milieu en voie de détérioration ?

Car le monde ne va pas fort et une grande partie de ses maux semble venir de l'usage qui y est fait du temps. Devant le spectacle quotidien des péripéties politiques, financières et économiques, un mot s'est chaque fois imposé à moi : court terme. Ceux qui font bouger les lignes, ceux qui décident de ce qui va affecter nos vies semblent avoir perdu le souci d'un avenir qu'ils ont de plus en plus de mal à prendre en compte. On dirait qu'ils rebondissent de crise en crise, d'urgence en urgence, repoussant toujours au lendemain l'indispensable réflexion sur les conséquences à long terme de leurs choix, de leurs actes.

À travers eux, c'est tout le système qui en est venu à remettre le lendemain à plus tard, à se perdre dans la gestion d'un présent pléthorique, débordant, obsessionnel. Nous sommes plus nombreux à en prendre conscience depuis que l'environnement, l'écologie, le développement durable ont fait irruption dans le débat public. Ils nous forcent à un nouveau regard sur la planète et sur l'époque, ils ont concrétisé la vraie nature des choix entre court terme et long terme, les vrais enjeux, les vrais risques.

Mais ces choix, ces enjeux, ces risques sont aussi au cœur de notre quotidien, de l'existence de chacun. Car nos rythmes de vie en accélération, nos relations aux autres plus éphémères, notre rapport à nous-mêmes trop en surface sont affectés par ce virus moderne, la pandémie du court-termisme.

Cette conviction m'a lancé dans une enquête auprès de ceux qui vivent ou étudient ces fonctionnements à horizon rétréci. Tous en sont conscients, tous le décrivent comme un handicap, de plus en plus préoccupant. Mais bien peu font le lien, entre les secteurs de la société, sur ce goulet d'étranglement évident et préoccupant pour les décisions, l'action et surtout pour la réflexion.

Oui, le progrès nous joue un tour imprévu. Nous sommes plus instruits, plus informés, mieux équipés en instruments d'analyse, de calcul, de simulation. Nous avons tout pour mieux savoir, comprendre et prévoir. Par quelle étrange malédiction sommes-nous pourtant, collectivement et individuellement, devenus myopes ?

L'été dernier, nous avons FAIT la Mauritanie, le Sénégal et le Mali
l'été d'avant, nous avons FAIT la Corée, la Chine et le Japon
celui d'avant, le Mexique et le Nicaragua
Et je ne compte pas les pays que nous avons survolés !

1
L'accélération
Comment la vitesse a engendré le court-termisme

La vitesse, c'est nous qui l'avons inventée, puis adorée. Mais ce boomerang est en train de nous rattraper. La vitesse continue de nous griser, au point de nous rendre aveugles sur les abîmes où elle nous entraîne. Nous avons aimé ce flirt avec la mort tant que nous pensions pouvoir, au final, le contrôler. Mais, comme souvent, notre créature nous a échappé. Elle risque de nous dévorer non seulement individuellement, ce qu'elle faisait déjà de longue date, mais collectivement. Les plus lucides d'entre nous commencent à chercher fiévreusement la pédale de frein ou le bouton stop. Il n'est pas sûr qu'ils existent.

Avant les humains, le monde changeait aux rythmes de la dérive des continents, de l'érosion des montagnes, de l'évolution des espèces, de l'alternance des saisons. Puis sont arrivés nos ancêtres, des créatures évoluées. Pendant quelques centaines de milliers d'années, il ne leur fallait piquer un sprint que pour attraper une proie ou sauver leur vie. Le temps qu'ils ont mis à essaimer la planète, à partir de leur Afrique natale, se compte en centaines de générations. On marchait au pas et l'on mourait en route.

Il y a seulement cinq mille ans que nous avons mis à notre service le cheval. Et pendant longtemps, celui grâce auquel nous pouvions enfin aller plus vite que nous-mêmes ne nous a servi qu'à porter ou traîner les charges trop lourdes pour nos épaules. Notre nouveau complice, attelé à des chars de combat, a montré que la vitesse pouvait mener à la victoire. La grande course était lancée.

Ce sont les Grecs qui ont fait de la vitesse un jeu. Les premières Olympiades, il y a deux mille sept cents ans, ne comportaient qu'une course à pied. Il ne s'agissait pas encore de records, mais de compétition : aller plus vite que l'autre. C'est resté, depuis, le fond de l'affaire. Se dépasser soi-même est noble, mais dépasser les autres est jouissif, souvent lucratif.

Cependant la vitesse sportive n'a pas survécu à la Grèce antique. Elle ne renaîtra qu'avec les gentlemen anglais du XIXe siècle, puis Pierre de Coubertin. Et jusqu'aux premiers chemins de fer, du temps de mon arrière-grand-père Benjamin, mort en 1839, traverser la France en diligence, d'est en ouest ou du nord au sud, prenait, même à bride abattue, plusieurs semaines.

Nous sommes tous des tachysanthropes

La vraie accélération date donc du milieu du XIXe, avec l'avènement de la technologie. En une poignée de générations, la vitesse a bouleversé l'existence de chacun de nous, ainsi que la physionomie de la planète. Elle l'a fait si rapidement que nous tardons encore à en mesurer les conséquences. Serait-ce une mutation de l'espèce ? C'est ce que constate Gil Delannoi, politologue, qui en a forgé le nom : le *tachysanthrope.* « La recherche de l'accélération crée un monde où domine la tachynomie, autrement dit la vitesse devenue norme » (*Esprit*, juin 2008). Il est vrai que jamais les humains n'ont choisi délibérément de ralentir.

Il est courant de dire que le temps moderne s'est accéléré, mais c'est une absurdité logique : au cours de notre existence, la seule chose immuable est bien le temps. Vingt-quatre heures par jour, pour les ouvriers comme pour les chefs d'État, rien de plus démocratique. C'est l'usage que chacun en fait qui nous différencie, selon ses charges et contraintes, mais aussi selon ses désirs et envies. Nous l'avons tous plus ou moins compris. Mais il reste un paradoxe. Jamais dans l'histoire nous n'avons disposé d'autant de temps, car nous venons, en un siècle, de presque doubler notre durée de vie et diminuer de moitié notre temps au travail. N'est-ce pas là le plus magnifique cadeau de l'ère moderne ?

J'imagine le génie de la lampe d'Aladin à qui j'aurais exprimé ce souhait : « Je voudrais vivre deux fois plus longtemps et travailler deux fois moins que mon grand-père Joseph, mort en 1904. — Accordé ! Et en plus, tu pourras voyager dix fois plus vite que lui pour dix fois moins cher, communiquer avec le monde entier tout en marchant dans la rue et recevoir sur un écran, dans ton salon, tous les spectacles et toutes les connaissances du monde. Je ne te même pas de me donner ton âme en change. Prévois seulement une petite contrepartie : tu te plaindras souvent de manquer de temps pour profiter de cette abondance. »

Inconvénients que nous vivons au quotidien, mais ils ne pèsent guère en face des avantages que nous a permis cette stupéfiante accélération du monde, en trois générations. Accélération des inventions, de la production d'objets à moindre coût, des transports et des communications, de l'information, de l'élargissement de nos réseaux, de la circulation de l'argent, des avancées médicales, des politiques de redistribution sociale qui rendent nos sociétés plus sûres et plus justes. Malgré nos inévitables impatiences de citoyens et d'électeurs, il suffit de prendre un peu de recul historique pour réaliser la rapidité de ces transformations.

La seule nouvelle extase

Vitesse, accélération, je me suis souvent demandé ce qui nous y pousse à ce point. Sont-elles, selon la formule de Paul Morand dans *L'Homme pressé*, « l'équivalent moderne de la pesanteur… l'impulsion vraie de l'univers » ? Ou, comme le croit Kundera, « la seule nouvelle extase » offerte par le monde moderne ?

Il est possible que le cosmos, dans son entier, soit en accélération. Ce débat entre astrophysiciens n'est pas encore tranché. Quoi qu'il en soit de l'univers, au petit niveau de la planète *Home,* les choses, avant nous, se déroulaient sans hâte. Nous avons tout bouleversé en introduisant la vitesse, en l'élevant au niveau d'un mode de vie, d'un objectif permanent de progrès.

Il y a deux manières de considérer cette dernière : neutre ou dynamique. Au neutre, on constate que l'homme au pas fait 6 km/h, le guépard atteint 100 km/h (mais sur 500 mètres seulement), et tout le monde sait que la lumière parcourt 300 000 kilomètres en une seconde. Simples Mesures. Mais la vitesse qui nous intéresse ici est née de l'esprit humain, puisque nous sommes la seule espèce qui ait entrepris de pousser en permanence ses capacités physiques à leurs limites, ou d'inventer les moyens de les dépasser.

Sur le seul plan physique, les performances sont impressionnantes. Mais qu'un champion puisse courir le 100 mètres en moins de dix secondes ou rester neuf minutes sous l'eau sans respirer ne change guère mon sort ni celui de mon voisin de palier. En revanche, c'est notre acharnement séculaire à trouver les moyens de transcender nos limites corporelles et intellectuelles qui a créé la civilisation humaine.

Dans l'histoire de l'humanité, la vitesse s'est fait attendre, puisqu'on n'en a vraiment ressenti les effets qu'à partir du XIXe siècle. Depuis, elle s'est emballée, au point d'inquiéter ses géniteurs, qui ne semblent pas prêts, pour autant, à l'abjurer. Pourquoi y tenons-nous donc tellement ? Pas seulement pour ses avantages matériels et son efficacité : la vitesse nous procure aussi des satisfactions psychologiques et intimes tout au long de notre vie.

D'abord, parce qu'elle est un produit naturel de notre constitution, de notre programmation génétique. Nous sommes dotés d'un cerveau dont les possibilités surpassent de très loin celles de notre corps, lent, faible et fragile. La vitesse est née de notre ambition de compenser la modestie de nos performances, que tant d'animaux ridiculisent en rapidité, en puissance et en endurance.

Les humains avaient déjà obtenu des résultats remarquables, malgré leurs techniques primitives. Nul animal n'aurait édifié les pyramides, les cathédrales ni la Grande Muraille. Il fallait d'abord les concevoir, puis trouver les moyens d'accomplir ces défis inimaginables à leur époque. La solution est venue des efforts conjugués de multitudes d'ouvriers, sous la férule implacable de visionnaires peu soucieux de la vie des autres. Puissance collective, donc, fruit d'un travail coordonné et méthodique. Ce n'est que bien plus tard, à l'époque contemporaine, que le machinisme a permis de démultiplier à l'infini la force de la seule main-d'œuvre. La puissance nécessaire à la construction du barrage des Trois-Gorges, sur le fleuve Yang-tse, dépasse de loin celle qu'il a fallu mobiliser pour bâtir la Muraille de Chine.

En endurance, nous aurions plutôt l'impression d'avoir régressé. Nos ancêtres soutenaient des marches inlassables dont nous serions bien incapables, résistaient au froid dans des demeures à peine chauffées et mal isolées, et se faisaient arracher les molaires sans anesthésie. Tout Roi-Soleil qu'il fût, Louis XIV l'a subi et en a souffert le martyre. Par rapport à eux, nous sommes devenus bien douillets. Mais le prix que nos prédécesseurs payaient pour leur endurance était élevé : ils souffraient pendant leur vie, puis mouraient jeunes. Ce que nos découvertes nous ont apporté à cet égard est inappréciable : des douleurs en moins et des années en plus. Plutôt que de surmonter l'obstacle de l'endurance, nous l'avons contourné.

Le règne de l'instantanéité

Mais l'accélérateur majeur du progrès s'est révélé être la vitesse au service de laquelle nous avons mobilisé toute notre capacité créative. Vitesse des transports, qui nous a ouvert la conquête des continents et les guerres éclairs. Vitesse des communications, qui nous permettent d'être informés de tout immédiatement. Songeons qu'au moment de la Révolution française, il fallait dix jours pour apprendre à Paris un événement qui venait d'avoir lieu à Perpignan, cinq depuis Lyon et deux s'il avait eu lieu à Reims – aujourd'hui reliée à Paris en trente minutes avec le TGV Est. La conquête ultime n'est-elle pas celle de l'instantanéité dans la relation à l'autre, où qu'il soit sur la planète ?

Toutes les accélérations appliquées aux objets matériels finissent par rencontrer leurs limites physiques. Les automobiles, avions ou fusées, après des progrès inouïs, ont fini par plafonner. C'est l'électronique qui nous permet d'aller jusqu'au bout de cette logique : l'instantanéité, aboutissement ultime et extension directe des aptitudes de notre cerveau. Car si l'ordinateur et Internet restent inférieurs à nos simples neurones pour penser et imaginer, ils les surpassent en capacité de mémoire, de stockage et de transmission. Notre cerveau a enfin trouvé sa vraie prothèse, activable à tout moment sans le moindre délai. Nous avons franchi une étape nouvelle et décisive, qui s'inscrit directement dans notre évolution en tant qu'espèce : nos cerveaux n'ont pratiquement plus besoin de nos corps pour connaître, communiquer, partager avec d'autres.

De ce fait, la conquête de la vitesse des transports passe au second plan. L'homme pressé qui mesurait, il y a peu, le progrès à l'extension de son rayon d'action et à sa rapidité de déplacement, pourrait choisir de redevenir sédentaire. Sans déplacer son corps, il peut entrer en liaison intellectuelle, vocale et visuelle avec tous ses semblables. La « noosphère », beau concept popularisé par Teilhard de Chardin il y a un demi-siècle, n'est plus seulement une idée poétique ou spirituelle. Elle s'est matérialisée et rétrécit l'ensemble de l'humanité par l'interconnexion électronique.

Dans ce domaine comme dans tant d'autres, nous avons accompli des prouesses sans avoir pris le temps d'en mesurer toutes les conséquences morales et philosophiques. Nous continuons à donner la priorité aux développements scientifiques, dont la poursuite est notre quête grisante. Mais l'intégration de ces découvertes par notre conscience, notre éthique et nos comportements reste à la traîne. À chacun de se débrouiller comme il peut pour s'adapter à cet emballement historique.

L'accélération de nos vies n'a pas seulement modifié notre mode d'existence, elle joue sur notre psychisme et devient même une drogue addictive. Tant d'adolescents traversent une période où la simple conduite d'un deux-roues à plein régime leur tient lieu de rite initiatique au monde adulte. La pure vitesse physique, celle qui les met directement en danger, leur offre ce dont on manque souvent à cet âge : un fort sentiment d'exister. En paraphrasant Céline, la vitesse met l'héroïsme à la portée des caniches.

La vitesse est idéologiquement neutre

Le fait, d'ailleurs, que la vitesse fasse l'objet de tant de compétitions sportives, depuis le sprint du 100 mètres jusqu'au tour du monde à la voile, démontre qu'elle est reconnue par tous, ou presque, comme une valeur incontestable. Le sport l'a sublimée et stylisée en la détachant de toute application utilitaire. Accessoirement, nos tentatives pour reculer indéfiniment les limites, les prouesses de nos machines donnent lieu à une recherche scientifique et industrielle aux retombées fécondes. Les constructeurs automobiles justifient l'entretien ruineux de leur « écurie » de Formule 1 par les progrès espérés sur la sécurité de leurs berlines. On voit même des polémiques sur la texture des quelques grammes de tissus que portent les champions de natation et qui peuvent en valider ou déclasser les records.

Comment la vitesse est-elle devenue une valeur centrale, qui s'est imposée sur toute la planète ? Précisément parce qu'elle combine des prouesses scientifiques et sportives. À la fois mode d'action et produit industriel, elle est idéologiquement et spirituellement neutre à un moment de l'histoire où l'on se méfie des croyances et des promesses transcendantes. On peut s'entraîner à la pratiquer dans son corps ou sa façon de vivre, mais elle peut aussi s'acheter sans effort. Elle ne prête guère à interprétations, puisqu'elle se mesure avec précision. Or notre époque, en quête de certitudes qui se font rares, est friande de tout ce qui se mesure.

Aujourd'hui, la pensée orientale nous ouvre de nouvelles perspectives intérieures, avec ses notions de non-agir ou d'utilisation de la force de l'adversaire pour le déstabiliser dans les conflits. Mais pour une majorité d'entre nous, la vitesse reste un bouclier contre le doute. Elle est consubstantielle à l'action et favorise la pensée pratique plutôt que la réflexion abstraite. C'est ainsi qu'elle fait de nous des magiciens qui ont transformé leur monde, au point de ne plus le reconnaître. Notre tâche, désormais urgente, est de mieux faire la différence entre les pôles opposés de l'usage de la vitesse : la griserie et la menace.

Vivre, aujourd'hui, c'est fréquenter la vitesse tout au long de son existence. Enfants, les records nous font rêver et nos héros, outre ceux du ballon rond ou de la chanson, sont des rapides, de Spiderman à Schumacher. Adolescents, la recherche directe et personnelle de l'accélération des corps vient tout de suite après la découverte de la sexualité. Adultes, nous apprenons à utiliser la vitesse pour ses avantages, tout en devenant conscients de ses inconvénients. Mais en vieillissant, nous découvrons enfin d'autres priorités. La collectivité humaine semble suivre un parcours comparable. À l'égard de la vitesse, elle progresse en maturité et commence à réfléchir au meilleur équilibre, entre les plus et les moins de cette idole laïque.

La mère du court-termisme

Faire la liste des dommages qu'elle laisse dans son sillage est salutaire. En politique, économie et finance, environnement bien sûr, mais aussi dans nos rythmes quotidiens, relations aux autres et gestion de notre propre parcours de vie, nous en avons recensé un inventaire impressionnant. La recherche, désormais instinctive, du chemin le plus court, la primauté de l'urgence sur l'importance, la pression sur les résultats sont toutes filles de la vitesse. Ensemble, elles ont engendré une situation de court-termisme généralisé dont nous ne sommes même plus toujours conscients. La société où nous passerons le reste de notre vie est devenue un bolide dont la portée des phares diminuerait en proportion de son accélération. Quel passager d'un tel engin ne demanderait à en descendre ? Mais, sauf à devenir ermites ou anachorètes, cette option ne nous est pas offerte.

Les pièges que nous tend l'accélération du monde ont refermé sur nous le filet du temps. Nous avons collectivement perdu la mémoire des rythmes d'existence des générations précédentes. Au début du siècle dernier, il fallait ainsi plus d'un mois pour relier, par la mer, Marseille à Shanghai ; la montre-bracelet venait d'être inventée par Louis Cartier pour son ami l'aviateur Alberto Santos-Dumont, et personne d'autre n'en portait encore ; les amoureux s'écrivaient à la main des mots qu'ils s'envoyaient par la poste, les plus aisés les faisaient porter ; pour rencontrer quelqu'un, on passait chez lui, sans prévenir, et si il ou elle était absent, on laissait sa carte pour signaler son passage ; pour spéculer on devait se rendre à la Bourse ; les neuf dixièmes des Français vivaient dans des villages ou des bourgs et n'étaient jamais « montés à Paris » ; les soirées étaient longues et mal éclairées, si l'on ne sortait pas, on lisait ou tricotait. La vie s'étirait dans un temps bien moins tendu.

Presque tous les instruments de la vitesse existaient déjà, l'automobile, le téléphone, l'électricité, l'avion. Mais ils étaient expérimentaux, peu fiables et hors de prix. Une élite commençait à rêver aux bouleversements qu'on pouvait en attendre, mais le temps de nos ancêtres n'en était pas encore modifié. Le paradoxe est que, avant même les ordinateurs, qui ont fortement accentué cette tendance, toutes ces inventions se sont combinées pour nous faire « gagner du temps », tout en nous donnant l'impression que ce dernier se resserrait de plus en plus. Car, en apprenant à faire tout plus vite, nous avons découvert que nous pouvions en faire plus et donc gagner en puissance et en richesse. Nous avons aimé ce jeu et savouré ses plaisirs et avantages, mais notre temps, qui, lui, ne pouvait s'accroître, s'est tendu à l'extrême. Comprenne qui pourra : en échange de biens nombreux, la vitesse nous a privés de notre temps. Pacte faustien que chacun craint d'avoir signé à son insu.

L'accélération de tout nous a aussi lancés les uns contre les autres, dans une sorte de guerre en temps de paix. Puisque la vitesse peut permettre de l'emporter sur l'autre, on s'est rué sur cette piste. L'instinct de compétition, qui ne date pas du XIXe siècle, mais de toujours, découle de notre besoin de nous affirmer, de nous singulariser et surtout de nous approprier, avant les autres, ce qui nous tente. Pour y parvenir, nous avons, depuis les origines, mis en œuvre le calcul, la ruse ou la force, avec une primauté à cette dernière. Mais l'ère moderne nous a dotés de moyens techniques qui ont permis de pousser l'astuce individuelle à son comble.

Un exemple célèbre du lien entre vitesse et argent reste le fameux coup de Nathan de Rothschild à la Bourse de Londres au lendemain de Waterloo en juin 1815. Les Rothschild avaient monté un réseau de courriers rapides, y compris par voie maritime, pour savoir plus vite que les autres qui avait gagné. Nathan arrive le matin au London Stock Exchange et fait vendre tous ses titres. Les boursiers en ont déduit qu'il avait appris avant eux que Napoléon l'avait emporté, ce qui aurait été catastrophique pour l'économie britannique. Ils lui emboîtent le pas et les cours plongent. En fin de séance, Nathan, toujours impassible, rachète tout au dixième du prix. Il venait ainsi de prendre le contrôle de l'économie anglaise en combinant son sang-froid (au poker, on dirait le bluff) et une information exclusive, obtenue quelques heures avant les autres. Aujourd'hui, l'accélération de la vitesse elle-même fait que l'exclusivité d'une nouvelle de ce poids est rarement supérieure à quelques secondes partout dans le monde. Il faut donc imaginer d'autres stratégies, plus complexes et avec des résultats plus aléatoires.

Dans cet affolement contemporain, nous sommes en compétition avec la vitesse elle-même. Et la crise mondiale actuelle prouve que nous ne gagnons pas toujours. La généralisation de la vitesse et sa relative démocratisation provoquent une remise en question des conséquences du progrès. Quand chacun dispose d'une voiture qui peut faire du 160 km/h, la circulation devient forcément intenable. On limite donc la vitesse autorisée, en même temps que l'encombrement la fait tomber, en pratique, à 60 km/h. Le plus étonnant n'est-il pas que certains fabricants continuent à proposer des bolides, comme Bugatti dont un des modèles peut pousser jusqu'à la vitesse de décollage d'un Airbus ? Ceux qui vont la payer plus d'un million d'euros s'en serviront surtout pour afficher leurs moyens financiers devant les hôtels de luxe.

Lorsque tout le monde dispose de communications sans fil instantanées, les voleurs sont techniquement à égalité avec la police, les terroristes avec les forces de l'ordre et tous les spéculateurs entre eux. Comment retrouver une marge de supériorité sur ceux avec lesquels on se mesure ?

C'est le moment de la revanche de l'humain et de ses neurones. Les fonctionnements actuels des marchés le prouvent abondamment. Quand n'importe qui peut disposer chez lui des cotations aussi vite que la salle de marché d'un puissant établissement financier, les choix d'investissements gagnants dépendent à nouveau de l'intelligence et du sang-froid, comme au temps de Nathan de Rothschild. Pas étonnant que les traders, qui creusent la différence, perçoivent des rémunérations, obscènes pour un individu, mais cohérentes aux yeux de leurs employeurs, qui y trouvent un profit bien supérieur.

On touche là une autre conséquence récente de l'universalité de la vitesse. De même que l'instantanéité des communications réduit la nécessité de se déplacer, la profusion des informations immédiates, tous supports confondus, les rend désormais aussi accessibles que l'eau courante.

On peut tout autant s'interroger sur la logique de nos habitudes actuelles en matière d'information. Pourquoi payer encore un journal imprimé, alors qu'on trouve les mêmes informations sur le web plus rapidement et gratuitement ? « Pour avoir plus de détails et de commentaires » sur les événements relatés a été longtemps notre réponse, un peu défensive. Elle ne tient plus guère, puisque les perfectionnements des liens d'information sur Internet nous donnent accès aux textes mêmes de notre quotidien favori, dès sa sortie. En même temps, commentaires et opinions de qualité abondent dans les blogs et newsletters. Le tout sans aucuns frais. Donc, la réponse sincère à la question devrait être : nous achetons notre quotidien par routine, renforcée par une certaine paresse technologique.

Nos cerveaux sont dépassés

Un exemple de la vraie révolution actuelle qui combine à la fois cette vitesse, désormais à la portée de tout le monde, et sa gratuité. La supériorité de Nathan de Rothschild, il y a deux siècles, ne venait pas seulement de son sens de l'opportunité, mais de ses moyens d'entretenir, à grands frais, son réseau d'informations privé. Aujourd'hui, l'annonce de la défaite de Waterloo serait instantanée, mondiale et gratuite. Nos réseaux ne nous coûtent pratiquement plus rien, puisque nous payons un forfait pour notre liaison internet, que nous l'utilisions dix minutes ou dix heures par jour.

Mais ces progrès vertigineux ne doivent pas occulter une situation inquiétante : désormais la vitesse s'accroît si vite que les cerveaux humains sont en retard pour en penser les conséquences. Ce qui peut mener régulièrement à des impasses ou des absurdités, quand ce n'est pas à des désastres.

Le principal moteur de l'accélération contemporaine reste, en effet, notre comportement, conscient ou non. Une des explications courantes de notre pulsion de vitesse est qu'elle fait écran à notre mort. En nous y adonnant, nous feignons d'oublier, par instants, qu'elle ne nous en protégera pourtant pas. Comment ne pas éprouver un sentiment d'urgence métaphysique dès que l'on prend concrètement conscience de la brièveté de notre vie ? Les Sisyphes modernes que nous sommes ne hissent pas leur rocher d'un sommet à l'autre, ils s'engagent dans une course après l'autre, surtout celles qu'ils se fixent à eux-mêmes. Pendant qu'ils courent, ils évitent la question du sens et s'identifient à la compétition elle-même. Jusqu'à ce qu'ils s'aperçoivent, sur le tard, qu'ils ne gagneront jamais la finale. Si la sagesse les protège, alors, du désespoir, ils ralentiront peut-être, pour profiter enfin du temps qu'il leur reste.

Parallèlement, nous ne mesurons pas assez combien la vitesse est contagieuse. Si elle nous donne les moyens de nous engager dans les multiples compétitions dont sont faites nos vies, elle devient invariablement elle-même l'objet de la compétition. Si on marche plus vite sur les trottoirs de New York, c'est parce que tout le monde le fait. Chaque institution humaine, entreprise, armée, gouvernement, possède son tempo qui s'impose à tous, sous peine de se marginaliser. Si on étend cette évidence à l'ensemble de la société, on comprend combien il est difficile de choisir pour soi seul un rythme différent des autres. À moins d'exercer une activité délibérément individuelle. Bien peu en ont vraiment envie et encore moins parviennent à y trouver leur subsistance matérielle.

Depuis que notre civilisation technicienne a pris son essor, au XIXe siècle, une urgence supplémentaire s'est imposée : celle d'étendre les progrès matériels au plus grand nombre. Car le progrès n'a de sens et d'avenir que s'il peut être partagé par la majorité des humains. L'urgence a découlé de l'immensité de la tâche. Ceux qui ont tardé ou atermoyé ont contribué à soulever les révolutions du dénuement et de l'injustice, qui ont explosé au cours des deux derniers siècles. La vitesse n'est pas seulement un plaisir sportif ou une prouesse technicienne. Elle naît aussi de la nécessité sociale. Car, en même temps que prospérité et sécurité progressent pour une majorité de citoyens, les attentes de progrès de ces derniers s'exacerbent. C'est paradoxal, mais on le constate chaque jour. La mondialisation n'est pas seulement celle des échanges et des capacités de production, elle est aussi celle des impatiences. Ces dernières ont gagné l'ensemble des régions du globe, y compris les plus reculées, et l'urgence de leur développement ne nous permet pas de ralentir notre propre croissance de pays nantis.

Même si, à titre personnel, nous ne pouvons guère influer sur la pulsion planétaire, nous gardons une certaine maîtrise sur notre propre vie. Il nous revient d'essayer de penser les rythmes de nos existences, même si nous n'en abusons guère. Prenons conscience, en priorité, de l'antinomie intime entre nos vies accélérées et notre capacité à réfléchir. Je ne parle pas là de notre intelligence pratique, qui fait face plutôt bien aux pressions qui nous enserrent. Mais de l'indispensable réflexion sur cette manière de vivre et ses conséquences sur notre futur personnel et mondial. Si chacun de nous a déjà du mal à trouver le temps et la disponibilité nécessaires pour penser son propre chemin, on peut imaginer que ce soit encore plus ardu quand il s'agit de nos choix collectifs.

En accélérant, nous avons obtenu des résultats inespérés, mais nous avons perdu, en proportion inverse, en réflexion et en approfondissement. Est-il besoin de souligner que là réside le plus grand risque actuel, qui pèse sur nos destins collectifs et individuels ? Ce qu'illustre l'histoire du pilote s'adressant à ses passagers : « J'ai une bonne et une mauvaise nouvelle. La bonne est que nous sommes parfaitement à l'heure, la mauvaise est que nous nous sommes perdus. » Où va le monde ? Pas facile à dire, mais il y va très vite !

L'horizon temporel s'est rétréci

Le court-termisme est au premier rang de nos évidences secrètes. On en parle peu, on ne l'a pas souvent décrit, mais dès qu'on l'évoque, chacun reconnaît qu'il est devenu la règle de notre époque. Lorsqu'on fait un rallye automobile à pleine vitesse, on se concentre sur le prochain virage, sans avoir le loisir de penser au menu du soir à l'étape. L'accélération du rythme de toutes nos activités ayant sérieusement amputé notre temps de réflexion, le court-termisme en découle quasi mécaniquement. Les politiciens ont les yeux rivés sur la prochaine échéance électorale ou le sondage de la semaine, les patrons des sociétés cotées sur leurs résultats trimestriels, les boursiers sur les statistiques économiques de la journée, les managers sur le compte rendu mensuel réclamé par le siège social. Nous sommes tous trop occupés par l'immédiat pour prendre le temps de nous projeter loin devant en pensée. Notre horizon temporel s'est rapproché.

Un sociologue britannique, Elliot Jaques, avait publié il y a une vingtaine d'années une étude sur l'horizon temporel selon les fonctions remplies dans la société. Il entendait par là le temps pendant lequel un individu pouvait accomplir son travail sans de nouvelles instructions. L'horizon temporel du manœuvre était d'une heure, celui du contremaître d'une journée, les managers de plusieurs semaines, les patrons d'au moins un an. Et à l'époque où il vivait encore, le vieux Matsushita déclarait qu'il pensait à deux cent cinquante ans. Il y a vingt ans, d'ailleurs, on trouvait nécessaire de demander aux entreprises de faire un plan à cinq ans, si possible avec le budget prévisionnel approprié. Un plan à cinq ans ? Cette suggestion déclencherait aujourd'hui l'hilarité dans les bureaux. Comment voulez-vous que nous fassions des plans ? Après cette crise, nous aimerions déjà savoir ce que nous réserve le prochain semestre.

Mais il n'y a pas que le monde de l'argent et des affaires dont l'horizon se soit rapproché. Le manque de vision à long terme se retrouve jusque dans la vie intime. On se trouve, on se lasse, on se quitte ; c'est devenu si facile avec les sites de rencontres qui ont transformé la vie amoureuse en une série de CDD qui s'enchaînent, à l'instar de la vie professionnelle. Même notre capacité de concentration s'est raccourcie. Habitués à des messages compactés par les spots de pub télé de trente secondes, le zapping et les Power points, nous supportons de moins en moins les explications, digressions, développements extensifs. Ce n'est pas seulement l'urgence, la vitesse, la pression sociale qui nous font courir dans notre vie de tous les jours, nous avons inconsciemment intégré cette vision speedée de notre monde. Même stressés, nous la remettons rarement en cause.

Il n'y a pas que les circonstances qui nous rendent plus difficiles les prévisions à long terme, le présent lui aussi nous occupe tout entier. Déjà la rapidité accrue des événements nous colle à l'instant, comme l'astronaute à son siège au moment de la montée en orbite. La quantité même des informations à traiter chaque jour semble s'être multipliée à l'infini.

Hyperinformés à tout instant par des médias multiformes, nous nous retrouvons mentalement saturés par la complexité de ce qui se passe au jour le jour. Nous sortons quelquefois hébétés d'un journal télévisé, incapables de hiérarchiser tous les faits qui se sont déversés sur nous en une demi-heure. Paul Virilio, grand théoricien de la vitesse, nous décrit comme vivant dans un perpétuel présent dominé par l'instabilité, l'immédiateté, la simultanéité et l'instantanéité. Ce ne sont pas seulement ces rythmes effrénés qui nous rivent au court-termisme, mais le volume croissant de ce que nous ne parvenons pas à intégrer mentalement.

Des historiens comme Pierre Nora ou Jean-Noël Jeanneney constatent que notre passé aussi semble avoir rétréci, en même temps que notre futur se raccourcissait. Conséquence logique d'un déficit de culture historique, dont l'enseignement a été sacrifié dans les programmes scolaires. Élisabeth Guigou, par exemple, le constate chez ses élèves de Sciences-Po, comme chez ses collègues à l'Assemblée nationale : « On dirait que tout ce qui a eu lieu il y a plus de trois ou quatre ans n'existe pas. »

Un nouveau mot d'ordre, le présentéisme

En même temps, la vision historique dominante est devenue celle qu'en donnent le cinéma ou la télévision, qui estiment que leur public ne s'intéresse qu'aux amours de Napoléon, de Mazarin ou d'Henri IV. Sans oublier que plus le présent nous prend littéralement la tête, plus il nous prive de nos références au passé, indispensables pour situer les événements que nous traversons. Le présentéisme est devenu à la fois un mot d'ordre d'efficacité et le syndrome général d'une perte de perspective dans nos sociétés.

Ce présentéisme trouve une justification intellectuelle supplémentaire dans les pensées orientales, qui relaient nos philosophies occidentales en perte de vitesse. Celles-ci enseignent qu'on ne vit et, surtout, ne ressent qu'au présent. Il n'y a même, selon le bouddhisme ou le taoïsme, que du présent : présent du passé, la mémoire, présent du futur, l'imagination, et surtout présent de l'instant, le seul que nous puissions vivre pleinement. La recherche du bonheur et du bien-être, dans toute démarche de développement personnel, passe par cette claire conscience de l'instant. Les méthodes pour y parvenir sont toutes plus ou moins dérivées de la méditation, dont les bénéfices sont multiples.

Autant ces approches sont justifiées et efficaces, autant elles ne peuvent répondre seules aux problèmes compliqués que rencontrent le déroulement de chaque vie ou le fonctionnement de la société. Le court-termisme insouciant, dans tous les compartiments de la vie, est ce luxe que nous offraient nos parents pendant la petite enfance. Une fois adultes, nous en gardons souvent la nostalgie, mais devons bien tenir compte du réel, éclairé par la réflexion. Ceux qui s'en tirent alors le mieux, individus, entreprises ou États, savent plus que d'autres anticiper leur avenir.

Le procès de la vitesse, de l'accélération et du court-termisme de nos vies modernes est facile à instruire. Les exemples des perturbations, drames et crises qui en résultent abondent. Il est vital pour nous de les recenser et de les expliquer, si nous ne voulons pas continuer à en subir passivement les conséquences. Pour autant, qui serait prêt, malgré une telle analyse, à renoncer à tous les avantages de la modernité ? Nous la chargeons, par réflexe, de tout ce qui nous dérange, mais au total nous ne vivons pas si mal. Sortir du système reste toujours possible à titre individuel. Ceux qui le font apprennent assez vite à quoi ils renoncent en échange d'un apaisement de leur rythme de vie. Mais à l'échelle de l'humanité, il est bien tard pour y songer.

Pour autant, ce serait folie de poursuivre le *business as usual*, sans avoir une conscience plus claire des risques qu'il nous fait courir. En général, quand nous avons identifié précisément les risques, nous nous donnons de bonnes chances au moins de les réduire.

Le court-termisme s'est étendu subrepticement à presque tous les secteurs de nos activités, de la politique à la vie de couple, en passant par la finance et la gestion de notre santé. Comme par définition, il consiste à ne pas s'attarder sur les conséquences de nos décisions, il nous empêche, de ce fait, de voir où il nous mène.

Est-il enfin besoin de rappeler ce qui est devenu une évidence : les conséquences à long terme de notre court-termisme collectif en matière d'environnement ? Nous le verrons, cette double crise, financière et écologique, ne laisse plus aucune excuse à ceux qui ne veulent pas voir où nous nous précipitons.

Sujet d'examen en Science politique:
un train déraille et fait 250 morts.
Rédigez un projet de loi
Vous avez 30 minutes
on peut sortir
si on a terminé
avant ?

2
La politique
La démocratie inadaptée à la frénésie des médias

Le 26 mars 2009, Nicolas Sarkozy décolle pour un voyage de courtoisie protocolaire en Afrique. Programme : six heures à Kinshasa, six heures à Brazzaville, six heures à Niamey. Trois pays en trente-six heures chrono ! Sur un continent où le temps s'appréhende plus lentement, comment ont réagi ses homologues ? Se sont-ils sentis honorés ou traités par-dessus la jambe ? Ce jeune président, élu pour un mandat raccourci à cinq ans, veut imprimer sa marque à la politique par la vitesse. Quelques semaines avant son sprint en Afrique, il déclare, en pleine crise financière : « En économie, c'est maintenant ou jamais, demain n'existe plus. » *No future ?*

La vitesse de réaction a été le principal vecteur de sa conquête de l'Élysée. Ministre depuis 2002, à l'Intérieur et à l'Économie, jusqu'à sa démission en 2007 pour se consacrer à sa campagne présidentielle, il donnera l'impression de ne pas laisser passer un seul jour sans occuper l'espace médiatique. Plusieurs voyages en province par semaine, présence immédiate sur les lieux du moindre fait divers, il est partout et instaure une sorte de Wikipolitique.

Emporté par son propre mouvement, il en maintient le rythme pendant la première année de sa présidence, avant que les sondages ne lui indiquent que les Français, lassés, préféreraient une pratique présidentielle moins agitée. Il essaie alors d'afficher une prise de distance avec l'immédiat, sans changer le fond de sa démarche. Car, mieux qu'aucun autre, il a incarné l'impatience structurelle de l'opinion publique, attisée en permanence par les médias. Il lui aura aussi fallu ce galop d'essai pour comprendre qu'au moment où les caisses de l'État sont vides, la seule ressource dont il dispose est le temps. Il savait accélérer, il apprend à freiner, complétant ainsi sa formation pratique de maître du temps politique.

Dominique Wolton, sociologue de la communication, avertissait sur France Inter en février 2009 des risques démesurés que prend Nicolas Sarkozy en faisant cavalier seul : « Il passe par-dessus tous les intermédiaires, partis, institutions, qui l'ennuient et le freinent. La démocratie, ce n'est pas la suppression des intermédiaires, partis, institutions. La démocratie, c'est le temps. [...] À force de faire des annonces à la société, il y a un phénomène d'usure : le Président ne peut pas changer la société à la vitesse à laquelle il parle, il ne peut pas à lui tout seul incarner le verbe, l'action, la politique, l'histoire ! »

Le Président, seul maître du temps

En démocratie moderne, un président qui peut espérer rester dix ans au pouvoir est dans une position de supériorité par rapport aux autres acteurs politiques. Car il est riche d'un temps plus long que tous les autres ministres qui ne disposent que d'un bail précaire, révocable à tout moment. Mais l'histoire enseigne qu'en politique, le temps qui passe finit toujours par affaiblir le détenteur du pouvoir. Alain Duhamel, qui commente depuis quarante ans la vie politique française, observe que les seconds mandats sont généralement moins bons que les premiers. Et dans les deux dernières années, le pouvoir du chef perd ses couleurs. L'affaiblissement du parti présidentiel aux élections régionales de mars 2010 en a apporté une confirmation de plus.

En l'an 2000, le débat sur l'usage du temps en politique s'est focalisé un moment sur l'instauration du quinquennat pour le mandat présidentiel, après cent vingt-cinq ans de septennat. Pourquoi ? La IIIe République naissante, spéculant sur un éventuel retour du roi, avait souhaité que le Président se place naturellement au-dessus des querelles politiques, et devienne ainsi dépositaire du temps long. En instaurant la Ve République, le général de Gaulle s'est parfaitement accommodé des sept années héritées des régimes précédents, et n'a pas eu à subir de périodes de cohabitation qui l'auraient privé de l'essentiel de ses pouvoirs. Ce n'a pas été le cas de ses successeurs, et surtout de Jacques Chirac avec son Premier ministre Lionel Jospin. Instruits par une coexistence crispée au sommet de l'État, ils se sont mis d'accord sur la réduction du mandat présidentiel, afin d'éviter ce type de mésaventures institutionnelles à l'avenir. Une décision entérinée par référendum en l'an 2000. Nicolas Sarkozy l'a ensuite complétée en 2008 par la limitation à deux mandats présidentiels, s'obligeant, de ce fait, à ne se représenter qu'une fois.

Si le facteur déclenchant a probablement été la volonté d'exorciser la cohabitation, les raisons de fond incluent le constat d'une usure accélérée du pouvoir politique. Car le court-termisme ronge la légitimité issue du suffrage. Aux rythmes effrénés de l'information, des débats, des transformations de l'environnement mondial, les dirigeants élus savent que leur crédit politique s'épuise plus vite. Ils ressentent le besoin de le régénérer plus souvent dans le bain de jouvence électoral. On l'a vu clairement lorsque l'UMP, au plus bas dans les enquêtes d'opinion, a remporté les élections européennes de 2009. L'effet déprimant des sondages, alors en baisse, s'est dissipé, au moins pendant quelques semaines, pour le plus grand bénéfice du Président.

Tenant compte de cette impatience de l'opinion, le quinquennat l'a en même temps accentuée. En scandant le système politique français tous les cinq ans, en limitant la durée maximale à la tête de l'État à dix ans, il raccourcit les périodes de tranquillité gouvernementale qu'offrent les années sans élections ; celles où l'on peut tenter des réformes de plus long terme. C'est là une des conséquences institutionnelles de la démocratie d'opinion. Dès lors que des sondages peuvent, à tout moment et sur tout sujet, remettre en question la confiance des citoyens en ceux qui les dirigent, la nécessité de donner aux validations électorales un rythme plus fréquent s'impose. Or les élections ne se gagnent pas sur les projets à long terme, mais sur des promesses pour demain matin.

Avec l'instauration récente du quinquennat et le raccourcissement du mandat des sénateurs, la France n'a pas encore stabilisé ses tempos politiques. Il faudra encore quelques mandats présidentiels, quelques législatures, pour prendre la mesure de ces nouveaux rapports entre le pouvoir et le temps. Celui qui tient la barre, le Président, sait, en politicien expérimenté, qu'il ne peut tabler sur sa réélection à coup sûr ; il ne veut pas perdre un seul jour.

La marque d'une démocratie authentique passe par le respect du temps et des échéances électorales. Aux États-Unis, depuis 1776, le calendrier électoral n'a jamais été modifié : les présidents sont invariablement élus ou réélus tous les quatre ans, et la Chambre des représentants est renouvelée tous les deux ans. Le cumul des mandats présidentiels a été limité à deux, après les quatre élections remportées par Franklin D. Roosevelt entre 1932 et 1944.

Mais dans les pays où l'instauration de la démocratie est plus récente ou inachevée, les durées des mandats sont souvent manipulées par les dirigeants pour se maintenir à leur poste. Les acrobaties d'Hugo Chávez avec la Constitution du Venezuela, qu'il fait ensuite valider par référendum, sont connues. Comme lui, Ben Ali en Tunisie, Bouteflika en Algérie, Vladimir Poutine en Russie ont aussi modifié leurs Constitutions pour s'affranchir du temps au sommet du pouvoir.

Quel chef d'État démocratiquement élu ne s'est-il pas dit, au cours d'une semaine plus tendue que les autres, que la vie des dictateurs doit être plus simple ? Personne n'est en position de leur disputer la gestion de leur temps ! De plus, pour gouverner en démocratie, la durée, quelle qu'elle soit, ne suffit pas. De nombreuses distorsions du temps sont imposées par les contre-pouvoirs, qui ont changé de nature depuis Montesquieu.

En France, les pouvoirs législatif et judiciaire attaquent rarement de front celui qui dispose du temps long, le chef de l'État. En revanche, l'opinion, les médias, les syndicats, l'administration se sont imposés comme ses interlocuteurs au quotidien, et sont plus difficiles à contrôler.

S'il est admis depuis longtemps que les médias constituent le quatrième pouvoir, l'opinion publique serait devenue le cinquième : sa capacité de réaction aux décisions politiques qui la fâchent s'est accrue au fil des décennies. Et ses possibilités de contestation se sont démultipliées avec l'avènement des nouvelles technologies, obligeant le pouvoir exécutif à tenir compte du sentiment exprimé par les citoyens.

La mésaventure de Jean Sarkozy, candidat à la présidence de l'Établissement public d'aménagement de la Défense (EPAD), à l'automne 2009, est exemplaire de l'influence de l'opinion publique sur le jeu politique. Pendant quinze jours, la polémique a fait rage : une multitude de clips condamnant ou moquant le népotisme de Nicolas Sarkozy dans les Hauts-de-Seine se sont répandus sur Internet, vus par des centaines de milliers d'internautes. Des *flashs mobs*, mobilisations éclairs, ont tourné en dérision la famille Sarkozy. L'Élysée et *Le Figaro* ont été inondés de courrier, obligeant l'UMP à reconnaître que c'est l'ampleur de cette mobilisation, hors de tout système institutionnel, qui a contraint le président de la République à renoncer à sa décision.

Gouverner en direct live

S'il existe, au gouvernement, un ministre chargé des Relations avec le Parlement, il n'y en a pas pour les relations avec l'opinion. Sous la présidence Sarkozy, celui qui en est responsable se situe au sommet de la pyramide du pouvoir : c'est le Président.

Jacques Julliard, fin connaisseur de la vie politique française, focalise son attention sur le développement de cette démocratie d'opinion. Il en simplifie la structure : « Trois niveaux : le suffrage, l'opinion et la rue. » Le suffrage donne aux gouvernants la légitimité pour affronter en direct l'opinion, en essayant d'éviter la violence des manifestations de rue. Si, depuis Mai 68, les citoyens ne vont plus jusqu'à édifier des barricades, ils savent organiser des manifestations d'ampleur, comme celles qui ont fait échec au CPE à l'hiver 2006. On avait alors vu, pour la première fois, un président de la République, Jacques Chirac, réclamer, sous la pression de la rue, qu'une loi, qui venait d'être votée trois semaines avant, ne soit pas appliquée.

Pour contrer la pression de l'opinion publique, les moyens d'action rapide à la disposition du pouvoir politique ne relèvent pas de la Constitution ou des lois. Plus informels, ils comprennent l'initiative, l'effet d'annonce, l'aptitude à expliquer pour convaincre, le tout par le canal des médias qui en sont à la fois l'indispensable vecteur et le premier critique. En court-circuitant les députés et les autres élus, le pouvoir exécutif les cantonne à un rôle subalterne et peut ainsi gouverner en « direct live ».

Dans une démocratie complexe comme la nôtre, l'accélération peut s'expliquer par la crainte d'un enlisement, dans les procédures et les mises en œuvre. Sur le devant de la scène, tout peut paraître limpide. Un problème se pose, un événement ou un fait divers a lieu, vite le ministre préposé, le chef du gouvernement, voire le président, annoncent qu'une loi sera votée pour traiter l'affaire. Qu'un déséquilibré assassine un étudiant dans un parc de Grenoble et le soir même, le Président réclame une réforme de l'hospitalisation psychiatrique. Qu'à l'été 2007, des chiens dangereux s'en prennent à des enfants en bas âge, et aussitôt un ministre propose de réglementer la possession de chiens. Mais la législation existante n'a-t-elle pas déjà prévu ces situations ? Ces questions sont-elles vraiment du ressort de la loi ?

Pourtant, une loi est présentée tambour battant aux Assemblées. Médiatiquement, l'affaire est donc traitée. Mais le geste amorcé reste, dans plus de la moitié des cas, sans suite. Les étapes de consultation, comme la validation obligatoire par le Conseil d'État, sont souvent purement et simplement éliminées. Les décrets d'application des lois, qui ne sont jamais immédiatement opérationnels, traînent ou ne sortent jamais (plus de 60 % des lois votées sous la présidence Sarkozy n'en ont pas). Leur rédaction ambiguë ou confuse les rend inapplicables. Enfin, certaines lois, votées en urgence, peuvent par la suite se révéler incompatibles avec d'autres déjà existantes.

De cette tendance croissante à répondre par une loi à tout frémissement de l'opinion, résulte une inflation législative sans précédent. Aussi, toutes les étapes qui nécessitent durée, rédaction, discussions en commission et votes sont comprimées, au détriment de la qualité du texte, souvent médiocre : les parlementaires témoignent tous d'une dégradation du travail législatif, de plus en plus bâclé, et d'une banalisation, d'une désacralisation de la loi.

Le gouvernement a tendance à abuser des procédures d'urgence, prévues par la Constitution, pendant la discussion sur les projets de loi. Mais si l'urgence devient la norme, elle finit par s'annuler d'elle-même : il arrive qu'à peine le projet de loi déposé sur le bureau de l'Assemblée nationale, déjà les commissions se réunissent pour travailler, et la loi est examinée en huit à dix jours. Cette précipitation aboutit à des textes législatifs illisibles, donc inopérants, regrette Roland Cayrol, grand observateur de la vie politique française. Car le temps manque aux parlementaires pour étudier sérieusement la loi elle-même.

La une du *Monde*, fin janvier 2010, le résumait parfaitement : « Les députés sont énervés, les sénateurs sont épuisés. La frustration frise la colère parmi les parlementaires, assaillis de textes qu'ils jugent trop nombreux, mal préparés et mal ficelés. Entre un pouvoir exécutif toujours plus pressé et un pouvoir législatif qui déteste la précipitation, la crise couve. Pour mesurer l'augmentation du rythme du travail législatif, il suffit de comparer les chiffres. En

1980, les lois promulguées représentaient 632 pages. En 1990, ce chiffre s'élevait à 1 055 pages. En 2006, tous les records ont été battus avec près de 2 000 pages.

Depuis le début de la législature actuelle, en 2007, pas moins de 117 projets ou propositions de loi ont été adoptés, sans compter les conventions internationales. Et, pour 60 % d'entre eux, la "procédure accélérée", censée rester exceptionnelle, a été utilisée. Au-delà du nombre, c'est la mauvaise qualité des textes présentés aux députés qui est en cause. La censure de la taxe carbone par le Conseil constitutionnel a fourni des armes aux élus mécontents, qui dénoncent l'insécurité juridique dans laquelle les entraînent des projets de loi de plus en plus complexes et hâtivement préparés.

Le ras-le-bol des cadences infernales et de l'"inflation législative" s'exprime jusque dans les rangs de la majorité, où l'on met en cause la méthode du Président Sarkozy, accusé de vouloir en faire toujours plus. "On a une impression de bricolage afin de satisfaire l'ogre médiatique, résume Lionnel Luca, député UMP des Alpes-Maritimes. Comme si la politique avait pour fonction de mettre le café du commerce en ordre juridique." »

Justifiée ou non, cette pente vers l'urgence sert l'exécutif, qui reste maître de sa communication. Les projets de loi, une fois annoncés au Conseil des ministres, devront être adoptés dans la foulée. Il s'agit de montrer qu'à défaut de pouvoir donner satisfaction sur le fond, au moins on ne perd pas de temps.

La « fast democracy », ça n'existe pas

Or, comme le fait remarquer Pascal Perrineau, directeur du Cevipof, le centre de recherches de Sciences-Po, « l'accélération excessive tue la démocratie. Il ne saurait y avoir de *fast democracy* ». Les démocraties sont des systèmes complexes, toujours fragiles, et plus encore dans un système politique mondialisé. L'enjeu crucial pour elles, c'est de conserver le temps nécessaire à la négociation et à la discussion collectives, même s'il faut pour cela ralentir la décision.

Cette nouvelle montée de la rapidité en politique se complique d'une autre demande croissante de l'opinion : la démocratie participative. L'opinion n'hésite pas à exiger, d'une même voix contradictoire, des négociations longues et des solutions rapides. Chaque réforme se verra reprocher tôt ou tard de n'avoir pas laissé de temps à la consultation, à la discussion. Au Parlement où l'on se plaint pourtant d'engorgement, les textes qui visent à éviter les procédures dilatoires dans le débat sont combattus comme des dénis de démocratie. Début 2009, par exemple, le projet de loi visant à limiter le nombre d'amendements pendant les débats parlementaires n'a-t-il pas été vivement contesté, sous prétexte qu'il portait atteinte au droit fondamental d'amendement ?

La Constitution n'a pas encore été modifiée dans ce sens, mais pour que la démocratie représentative, celle des corps constitués (présidence de la République, Parlement), conserve une légitimité aux yeux de l'opinion, une place plus importante doit être accordée à la consultation directe des citoyens, à la démocratie participative. Ce temps de négociation, s'ajoutant à celui du travail législatif, ralentit davantage toutes les procédures. Il ne garantit pas pour autant la prise en compte du long terme : il a seulement pour but de désamorcer partiellement les oppositions, devenues presque systématiques, à toute proposition de changement dans la société actuelle.

Face à la communication instantanée, à la quasi-disparition du secret, pourtant nécessaire pour préparer sérieusement les réformes, la démocratie représentative, théorisée à l'époque des diligences et des communications lentes, traverse une crise. La décision politique ne se suffit plus du seul cadre des institutions et de la loi, qui ne lui confèrent plus, aux yeux de l'opinion, qu'une partie de sa légitimité. Celle-ci doit être confortée par des consultations plus ou moins organisées, dont l'ampleur varie avec chaque sujet.

Les démocraties directes, sur l'agora d'Athènes et dans les cantons suisses, où les citoyens votent les lois en se réunissant sur la place de la cité, sont toujours idéalisées. Bien qu'elles présentent des inconvénients, dont celui de ne pas être généralisables à des sociétés trop nombreuses, la nostalgie de la participation de tous reste un mythe aussi récurrent que chimérique. Elle trouve aujourd'hui une forme de concrétisation dans l'ubiquité de l'information, qui donne désormais aux citoyens un accès direct, sans équivalent dans l'histoire, aux thèmes qui les concernent.

10 % de bonnes nouvelles, 90 % de mauvaises

Le court-termisme semble inhérent au travail gouvernemental, compte tenu du nombre de décisions à prendre chaque jour. Un Premier ministre ressemble au chef d'une gare de triage frénétique. Ce qu'illustre fort bien le livre de la journaliste Raphaëlle Bacqué, *L'Enfer de Matignon*. « En moyenne, note Laurent Fabius, Premier ministre de 1984 à 1986, je devais prendre vingt décisions par jour. » Et il ajoute, philosophe : « Pour arriver à travailler sur le long terme, il faut s'échapper du politique. » Ce qui s'aggrave par le fait que, selon François Fillon, Premier ministre depuis 2007, « dans une journée vous recevez 10 % de bonnes nouvelles et 90 % de mauvaises ».

La sérénité nécessaire à toute réflexion sur le long terme est, à ces postes, impensable. D'autant que, selon la formule de Harry Truman, le président des États-Unis qui a succédé à Franklin Roosevelt en 1945, « il ne remonte jusqu'à moi que les problèmes insolubles. Tous les autres sont résolus avant ». On ne centralise pas impunément le pouvoir de décider dans un grand pays sans soumettre ceux qui l'exercent à un « harassement continuel » dont se plaignait Dominique de Villepin. Les meilleurs esprits s'y usent. Je me souviens d'une confidence de Raymond Barre, en bout de mandat, après cinq ans à Matignon : « Je me sens vidé, asséché. Maintenant je vais enfin pouvoir me remettre à lire. »

Le manque de temps pour approfondir avant de décider est aggravé par deux autres rôles inhérents à ces postes : les fonctions de représentation et les interruptions par les urgences et imprévus. Un ministre n'est seul à son bureau que quelques minutes par jour. La plupart du temps, il reçoit des visiteurs, participe à des négociations ou à des prestations médiatiques, quand il ne fait pas le pompier volant.

Auparavant, en cas de « bavure policière », d'attentat ou de catastrophe naturelle, la présence sur place d'un haut gradé de la police ou d'un préfet suffisait. Aujourd'hui, l'arrivée du ministre de tutelle est attendue dans l'heure, quand on n'exige pas celle du Président lui-même. Nicolas Sarkozy, alors ministre de l'Intérieur, en avait fait une équation : une caméra de télé « sur site » = la présence du ministre. Et il a ardemment incité les membres du gouvernement, une fois élus, à ne pas y déroger. Preuve supplémentaire, s'il en fallait, de la soumission des acteurs politiques à ceux qui détiennent le pouvoir effectif sur l'opinion : les médias.

Le court-termisme en politique n'est pas seulement lié à l'accélération des événements. Il découle aussi d'une profonde transformation des attitudes des citoyens : l'engagement prolongé, syndical ou associatif, devient l'exception. Il y a une ou deux générations, on naissait dans une famille politique et s'en détacher impliquait une rupture douloureuse, voire honteuse. Les salariés s'affiliaient, de père en fils, à la CGT, à la CFDT, etc. Ces transmissions sont en voie de disparition : plus de militantisme convaincu, plus d'engagement à long terme dans une cause à laquelle les individus étaient prêts à sacrifier une grande partie de leur temps de loisirs. Le citoyen d'aujourd'hui pratique un activisme « distancié », « à la carte » : on choisit son rythme et son degré d'investissement dans les activités du groupe, on s'engage six mois, puis on passe à une autre cause. Un militantisme post-it selon l'expression du sociologue Jacques Ion, dans son livre *La Fin des militants*.

Il nous reste le pragmatisme

Au-delà de l'individualisme, explication habituelle de ces signes du retour sur soi, d'autres causes expliquent cette transformation. Qui croit encore aux idéologies ou aux doctrines ? Non seulement elles ont échoué, mais leurs derniers défenseurs ne parviennent même plus à les concilier intellectuellement avec la modernité. L'anémie de la social-démocratie en Europe et la crise d'idées du Parti socialiste en France l'illustrent interminablement. Les grands principes ayant déçu, reste le pragmatisme de situation.

Malgré le nombre déclinant de leurs cotisants, partis et syndicats peuvent encore mobiliser de manière ponctuelle. Pour lutter contre la remise en cause d'un avantage acquis, préparer une échéance électorale proche ou soutenir un leader que l'on a trouvé sympathique à l'écran, on est prêt à s'activer quelque temps. Selon l'atmosphère du moment ou l'intérêt pour un thème qui concerne directement les citoyens dans leur vie personnelle. Puis on retourne vaquer à ses affaires.

Concept en vogue, la volatilité a donc aussi envahi la politique, après la finance. On vote sans constance, hésitant jusque dans l'isoloir. On ne s'étonne plus que des électeurs communistes se reportent, au gré d'un scrutin, sur le Front national. Les stratèges électoraux brouillent les cartes en débauchant dans le camp d'en face. Ces pratiques, courantes aux États-Unis, déroutent encore un peu en France.

Au temps des calèches

Aujourd'hui, devant la difficulté à mener à bien toute réforme, l'enlisement des débats, les atermoiements, les remises en cause et les retours en arrière, une question se pose : comment ont pu être mis en œuvre, sur plusieurs décennies, les « grands projets » d'aménagement du territoire français ? Ces chantiers, qui ont fait de la France un pays moderne, sont la preuve que la République n'a pas toujours été aussi court-termiste qu'elle en donne l'impression de nos jours.

Au début des années 50 et 60, l'État s'était doté d'organismes de planification et de gestion de projets de long terme : parmi eux, le Commissariat général au Plan, et la fameuse Datar (Délégation à l'aménagement du territoire et à l'action régionale) que Jérôme Monod, l'un des acteurs majeurs de cette période, a dirigée, avant de devenir le patron de la Lyonnaise des eaux pendant dix ans. À l'entendre, il ne se posait pas trop de problèmes de consultation de l'opinion publique : « J'avais la confiance de mon ministre, j'étais couvert, j'avançais. » Et, effectivement, il a pu mener à bien de grands projets : « Le port pétrolier de Fos, la synergie maritime, le développement des autoroutes privées, les villes nouvelles, la décentralisation des grandes écoles et des grandes industries, les reconversions des mines de fer, des charbonnages, du textile. »

Mais à partir des années 80, la planification à long terme est passée de mode, pour différentes raisons : l'achèvement de plusieurs grands programmes d'équipement, la décentralisation et la régionalisation, l'influence européenne, un regard plus critique sur le rôle de l'État et la contestation naissante de la vision trop technocratique de l'aménagement du territoire. Peu à peu vidés de leur substance, le Commissariat au Plan et la Datar ont finalement été transformés au début de ce nouveau siècle en think tanks publics, sortes de centres d'expertise, de prospective et d'aide à la décision.

Jérôme Monod exprime une nostalgie des temps où la technologie n'exerçait pas encore sa pression implacable : « Jules Ferry, député des Vosges, allait à Épinal en calèche. Pendant le voyage, il écrivait sa fameuse lettre aux instituteurs. Il avait le temps de réfléchir, de faire les choses, il n'était pas dans la précipitation. Pour le courrier, il n'y avait pas de fax. Depuis sa calèche, il a mis en œuvre toute une série de réformes extrêmement importantes. Et même la colonisation de l'Indochine ! »

Comme on ne reviendra pas au temps des calèches, le pouvoir doit s'accommoder des exigences participatives actuelles. Ce dont témoigne Alain Juppé : du temps où il était Premier ministre de Jacques Chirac, de 1995 à 1997, il n'était pas éloigné des conceptions « étatiques » de l'ancien patron de la Datar. Mais l'expérience de maire de Bordeaux lui a révélé les nouvelles contraintes de la démocratie locale : « Un élément clé de changement est le niveau d'éducation et de formation des gens dans tous les secteurs. Impossible de ce fait d'exercer l'autorité comme avant. Les contrepouvoirs associatifs sont bien organisés et puissants. Négocier avec eux consomme énormément de temps, mais en préparant la décision en amont, elle est mieux acceptée. »

Alain Juppé est devenu, après son année au Québec, l'un des hommes politiques français les plus ouverts aux technologies de communication. Il a pu mesurer à quel point Internet transforme la relation politique avec l'électeur. Pendant sa dernière campagne municipale, il attachait plus d'importance aux commentaires laissés par les visiteurs sur son site qu'à l'éditorial de *Sud-Ouest*, le puissant quotidien régional : « L'édito ne reflétait que l'opinion du journaliste, tandis que les internautes bordelais réagissaient en direct à mes thèmes de campagne. Ça m'a beaucoup aidé à ajuster mon discours. »

Pour autant, Alain Juppé reste persuadé que l'excès de transparence finit par nuire à l'art de gouverner, qui a besoin d'une dose de secret. Non pas pour ourdir des complots, mais pour préparer les projets et les décisions au calme, sans interférences. Ce qui est indispensable pour envisager sereinement les conséquences à plus long terme des décisions que l'on s'apprête à prendre.

La perte du droit au secret n'est pas directement liée à l'accélération contemporaine, mais à l'exigence de transparence qui l'accompagne. L'innovation des réseaux sociaux, la facilité d'une forme d'intrusion dans la vie de chacun par Internet ou par les téléphones portables ont généré un double mouvement contradictoire : d'un côté, une forme d'exhibitionnisme, qui pousse les individus à dévoiler à des anonymes ce qu'ils cachaient naguère à leurs proches. De l'autre, une exigence renforcée de respect de la vie privée et de protection du secret.

Nos institutions démodées par leur lenteur

Les bouleversements en cours sont porteurs de conséquences comparables sur la vie des affaires et la politique. On ne sait plus où commence le délit d'initié, ni comment conserver la discrétion des discussions et débats à l'intérieur d'une organisation, d'une entreprise, d'un parti ou d'un syndicat. Désormais, notre téléphone portable peut révéler où nous sommes à qui cherche à le savoir. Nos courriers électroniques circulent sous l'œil de Google ou d'Interpol. Et nous participons à la confusion, en réclamant à la fois le maximum de secret pour nous et de transparence de la part des autres.

Lorsqu'un gouvernant, un chef de parti sait que ses rencontres, ses discussions, ses projets seront connus en quelques heures, comment son horizon dépasserait-il le court terme ? François Mitterrand fut l'un des derniers hommes d'État à avoir cultivé le goût du secret, « à l'ancienne » : il évitait les réunions et préférait ne discuter qu'avec un interlocuteur à la fois. Lorsqu'il a quitté le pouvoir, en 1995, Internet balbutiait encore, et les GSM étaient réservés à quelques précurseurs.

Si l'opinion a récemment pris une place prépondérante, au point de devenir l'interlocuteur quotidien de tout gouvernant, ce n'est pas seulement du fait de l'affaiblissement des corps intermédiaires, ou de l'usure des partis et syndicats. Les médias et surtout Internet donnent aux citoyens les moyens d'intervenir en direct dans le débat politique. La démocratie représentative, fille du siècle des Lumières, a été pensée au temps des communications lentes et de l'information rare : l'arbitrage final était délégué aux élus, seuls en contact avec les centres de décision à Paris.

Ces justifications ont disparu, puisque tout le monde est au même niveau d'information en même temps. Les gouvernants doivent désormais faire coexister deux systèmes politiques en parallèle : l'un en voie d'usure, le régime d'Assemblées et de partis, l'autre inorganisé mais puissant, l'opinion et la société civile. Cette situation bancale entrave jusqu'à présent l'indispensable réflexion sur l'avenir.

Selon Jacques Julliard, « le court-termisme politique résulte d'une différence des temporalités. Car la démocratie est aujourd'hui menacée par l'instantanéité, représentée par deux choses : l'opinion publique, que l'on peut mesurer à tout instant ; et Internet, par lequel elle s'exprime. Par rapport à la démocratie du passé, ces deux systèmes fonctionnent à l'instantanéité. Alors que, naguère, la démocratie était fondée sur le décalage temporel entre la formation de la volonté générale et sa mise en œuvre à travers le suffrage universel ». En se complexifiant, les démocraties modernes deviennent plus court-termistes.

Pour penser et organiser l'avenir, il faut réunir tant de consensus divers, venant de secteurs disparates du corps social, que, le plus souvent, la plupart des responsables politiques en place, assiégés par les urgences, y renoncent. Ils doutent de disposer du crédit suffisant pour affronter l'opinion publique, en cas de besoin. L'une des décisions les plus importantes prises contre l'avis des Français, et peut-être l'une des dernières, fut l'abolition de la peine de mort dans les six mois qui ont suivi l'élection de François Mitterrand, qui a su passer outre les sondages très défavorables.

La démocratie survivra-t-elle au court-termisme ?

Le philosophe allemand Edmund Husserl établissait une correspondance directe entre le temps et le pouvoir démocratique : le passé appartient au pouvoir judiciaire, à sa capacité de juger le « déjà advenu » ; dans le présent se réalisent les fonctions de gestion et d'administration qui incombent au pouvoir exécutif ; quant au législatif, c'est en direction du futur qu'il oriente sa compétence. À une époque obsédée par le présent, il n'est donc pas surprenant que le pouvoir législatif soit si affaibli !

Or pour les Occidentaux, habitués de longue date à la liberté d'expression, la démocratie signifie débattre, confronter des points de vue, délibérer, des actions qui réclament beaucoup de temps aux Assemblées élues. Les députés et observateurs de la vie politique rencontrés dans le cadre de cette enquête témoignent des dégâts infligés par le court-termisme au travail législatif. Si le temps des débats est rogné par l'urgence et le court-termisme, que devient la démocratie ?

La crise financière des années 2007-2008 a conduit les pouvoirs exécutifs à prendre des décisions cruciales en court-circuitant les pouvoirs législatifs. Le sauvetage de la banque belgo-néerlandaise Fortis a été décidé en un week-end, les 27 et 28 septembre 2008, par les gouvernements belge et néerlandais, après l'effondrement du cours de l'action. Un autre exemple fameux est le vote du plan de sauvetage des banques américaines : recalé par la Chambre des représentants en octobre 2008, précisément parce que le temps manquait pour en étudier attentivement les tenants et aboutissants, il a finalement été adopté quelques jours plus tard, en catimini, par le gouvernement américain. Devenus des médecins urgentistes, les hommes politiques sont dans un mode d'action de moins en moins réfléchi, qui tient du réflexe.

Il n'est pas étonnant, dans ces conditions, que les électeurs éprouvent une déception croissante vis-à-vis de la démocratie parlementaire, un régime politique de moins en moins apte à tenir ses promesses et à satisfaire leurs réclamations. Le politologue Guy Hermet établit un parallèle entre notre époque et la fin de l'Ancien Régime, au XVIIIe siècle : le système n'est plus en phase avec la société, il n'a pas de solutions aux problèmes qui s'annoncent, et la population aspire plus ou moins consciemment à en changer. Mais, à quoi ressemblerait un régime « post-démocratique » alors que la démocratie est considérée depuis des décennies comme l'horizon politique indépassable promis à l'ensemble de l'humanité ?

Jacques Julliard, malgré ses convictions démocratiques solides, croit beaucoup au leadership personnel : « Si on veut une politique de long terme, un peuple, un groupe social ne fera jamais confiance à une institution. Il sait qu'un Parlement, par exemple, a quelque chose de labile, dont la composition se transforme continuellement. La politique de long terme dans une société d'opinion sécrète inévitablement le leadership personnel. La production du leader devient un des grands problèmes de la démocratie. Qu'est-ce que c'est qu'un leader ? C'est l'incarnation du futur dans nos sociétés ! »

Plus globalement, Guy Hermet extrapole, dans son essai, *L'Hiver de la démocratie*, les tendances de la démocratie actuelle pour imaginer le régime qui pourrait lui succéder. La forme demeure démocratique : les élections continuent d'avoir lieu régulièrement, pour laisser au peuple l'illusion que le pouvoir reste entre ses mains. Mais le pouvoir exécutif, de plus en plus concentré, se caractérise par une forte dose de populisme : il étouffe l'actualité à coups d'événements superficiels, de *storytelling*. Et, alors que le pouvoir traditionnel de l'État s'incarnait dans des palais somptueux, avec ce nouveau régime le pouvoir réel devient beaucoup plus difficile à localiser, dilué entre plusieurs échelons, national, international, local. Les décisions importantes sont prises par des comités d'experts plutôt que des Assemblées élues. Cette « oligarchie d'expertise », qui se retrouve dans la notion omniprésente aujourd'hui de « gouvernance », n'a pas besoin de gagner à sa cause des majorités volatiles et elle peut réagir plus efficacement aux pressions du court-termisme.

Une démocratie de ce type, avec une distribution des pouvoirs remaniée, saurait-elle mieux répondre aux défis, notamment environnementaux, à venir ? Cette réflexion constitue une réponse possible aux enjeux posés par le court terme aux systèmes politiques contemporains. Elle devrait figurer au premier rang de l'agenda politique. Mais le court-termisme qui obnubile les responsables politiques a jusqu'à présent empêché qu'elle soit lancée.

Tout se passe bien ?
Merci de ne pas m'interrompre
Vous venez de nous faire perdre 200.000 €

3
La finance

Quand le court-termisme financier fait vaciller la planète

« IBG YBG », « *I'll be gone, you'll be gone* » : c'est devenu une sorte de mot de passe utilisé entre eux par les professionnels du risque financier. « Je ne serai plus là et toi non plus… », autrement dit, si l'opération que nous montons se révèle mauvaise, dans deux ou trois ans, peu nous importe. Nous aurons touché nos bonus en millions de dollars et serons ailleurs. Six mois plus tard éclatait la bulle des subprimes, facteur déclenchant de la grande dégringolade du système financier international.

IBG YBG, serait-ce la devise de ce court-termisme qui a fait vaciller les banques et mis des millions de travailleurs au chômage ? Les analystes n'ont pas fini de s'interroger sur le rôle exact de ces fameux subprimes. Cette pyramide de prêts immobiliers artificiels, qui ne tenait que dans un marché haussier, s'est effondrée lorsque les prix ont commencé à baisser. Les organismes prêteurs avaient inventé un système de dispersion de ces risques partout dans le monde, croyant ainsi se prémunir individuellement. Ils ont, en fait, contaminé la planète avec un virus ravageur. Ces subprimes avaient atteint jusqu'à 1 000 milliards de dollars. Mais quand la crise s'est déclenchée, elle a détruit en dix-huit mois, à l'échelle mondiale, 5 000 milliards de dollars de PNB et 25 000 milliards de capitalisation boursière ! Les fragilités de la finance mondiale étaient donc bien plus profondes et plus vastes que ce seul instrument financier spécialisé.

Ça tourne à la frénésie

Un des parrains du monde des affaires en France, Claude Bébéar, le bâtisseur d'Axa, formule un diagnostic abrupt : « La finance a toujours été court-termiste, car, par nature, elle est spéculative. Dans l'industrie on ne peut pas aller plus vite que la matière, elle impose ses rythmes. Il faut du temps pour fabriquer un objet, construire une usine, faire des plans de développement. Tandis qu'un produit financier se monte très vite. Les gens de la finance veulent un rendement rapide : les fonds de pension américains, qui conservaient pendant sept ans une action qu'ils avaient achetée, la vendent maintenant au bout de sept mois. Ça tourne à la frénésie. »

Michel Pébereau, qui a fait de BNP Paribas la première banque européenne, refuse de porter le chapeau : « Les banquiers, en tout cas les bons, ont fait leur métier. Ce sont les actionnaires qui exigent des rendements plus importants et plus rapides. Donc l'ensemble du système est impliqué. » Ils ont tous les deux raison. Depuis une vingtaine d'années, l'innovation, à part le secteur très porteur des nouvelles technologies, est passée de l'industrie et des services à la finance, plus imaginative et aux performances plus rapides.

Des entrepreneurs de start-up, des managers désireux de racheter les entreprises où ils travaillent n'auraient jamais pu le faire sans l'inventivité des virtuoses de la finance. Les particuliers sans capitaux n'ont pu devenir propriétaires que grâce à des crédits bien montés. Si les subprimes ont capoté, c'est qu'ils avaient été imaginés pour offrir du crédit à des catégories sociales qui n'avaient pas les moyens de payer des mensualités.

Qui résisterait à des prêts qui se remboursent quasiment tout seuls ? La réalité, qui l'a fait savoir, sans ménagement, à partir de l'été 2007.

Du fait de la souplesse de l'argent, à la fois instrument et moteur des sociétés modernes, le court-termisme a imprégné la mentalité de chacun. Il y a trente ans, Woody Allen avait lancé le mot d'ordre de l'individualisme appliqué à l'économie : « *Take the money and run.* » Cupidité, spéculation, ingéniosité financière, psychologie et économie semblent s'être conjuguées pour accélérer cette course effrénée.

La cupidité a, tout d'abord, été attisée par les perspectives d'enrichissement facile et rapide. Le XIXe siècle avait substitué à la richesse foncière, héritée et statique, la fortune industrielle où une vie d'imagination et de labeur pouvait faire accéder des prolétaires à l'opulence. Mais une vie, c'est bien long. La fluidité et l'ubiquité de la finance ont permis, au XXe siècle, aux banquiers et aux fonds de pension, dépositaires de sommes considérables, de prendre le contrôle des plus grandes entreprises. L'innovation du XXIe, notre siècle, est d'avoir démocratisé la fortune. Désormais, top managers ou traders peuvent, grâce aux stock-options et bonus, devenir en quelques années riches à ne plus savoir qu'en faire, pour eux et pour leurs enfants, sans aucun capital de départ.

Au début de ce siècle, des jeunes gens de vingt-trois ans vous présentaient un vague business plan de start-up internet : « J'ai besoin d'un million d'euros pour le lancer. Pour ce prix, je vous donne 30 % du capital. Dans trois ans nous mettons en Bourse pour 5 millions, vous aurez gagné 50 %. » Et lui, pensait-il, aura fait une petite fortune. C'était, au même moment, *Loft story*, la *Star Ac* et les start-up : célébrité instantanée, argent rapide. Mais fin 2001, la bulle Internet a explosé pour la première fois.

Il vaut mieux se tromper avec tout le monde

Ce phénomène n'a en lui-même rien de nouveau ni de récent. Un des premiers exemples historiques d'emballement des prix est la spéculation sur les bulbes de tulipes, au XVIIe siècle, en Hollande. Une tulipe s'échangeait contre trois Rembrandt ! Personne ne s'interrogeait sur la valeur intrinsèque de la fleur, mais seulement sur le prix que le prochain acheteur serait prêt à payer. Quatre siècles plus tard, le mécanisme de la spéculation reste élémentaire : se placer sur une tendance montante du prix d'un bien, tout en sachant qu'elle finira par plonger. Mais le spéculateur imagine toujours qu'il saura sauter du train à temps.

L'économiste Élie Cohen l'illustre : « En janvier 2000, à Paris, Axa Investment Managers m'a invité à faire une conférence sur la nouvelle économie. Je leur ai expliqué que la bulle de la nouvelle économie est une folie absolue et qu'il n'y a aucun sens dans les valorisations et les rentabilisations actuelles. Et je leur ai dit que, sans être un gourou, je peux leur garantir que l'on se dirige vers un krach majeur. Un gestionnaire de fonds présent à cette conférence me dit qu'ils continueront à investir, malgré tout, dans la nouvelle économie. Il ajoutait qu'il vaut mieux se tromper avec tout le monde plutôt que d'être en avance d'une tendance. Il conclut que la seule chose qu'ils tenteront de faire, c'est de ne pas être les derniers à sortir quand le bateau coulera. »

J. K. Galbraith l'avait rappelé, il y a cinquante ans, dans son livre sur la crise de 1929 : toutes les bulles spéculatives ont finalement éclaté. Tout le monde le sait, mais une des caractéristiques déroutantes du tempérament humain est la difficulté que nous avons souvent à croire ce que nous savons. Juste avant la crise récente, les cours avaient monté pendant dix ans, ou vite rebondi en cas de baisse. Les jeunes opérateurs des salles de marché n'avaient donc connu que la hausse.

Cette perte de mémoire collective, combinée avec le goût du risque, et mâtinée de pensée magique, nous garantit les retours cycliques de la fièvre spéculative.

La Bourse est par fonction le temple de la spéculation, ce qui n'en fait pas pour autant un lieu de perdition… Elle est le lieu où des propriétaires de titres peuvent les négocier de manière simple. Or le rythme de l'information qu'une entreprise cotée doit communiquer à ses actionnaires l'oblige à leur décrire une vision de la situation à très court terme. Plusieurs éléments de modernité ont aggravé cette tendance naturelle. Ainsi, l'interconnexion permanente des Bourses mondiales. L'orientation de Tokyo, le matin, influence Paris et Londres l'après-midi. Ce qui peut donner une tendance à Wall Street six heures plus tard. D'autant que les horaires des Bourses locales n'ont même plus de sens. Les transactions ont lieu partout, à tout moment, du fait d'Internet et l'on peut jouer en Bourse de minute en minute. Quand on a les yeux rivés sur l'écran indicateur des cours pour en guetter le moindre frémissement, on se moque bien du long terme.

Mais surtout, la gestion des grandes entreprises est de plus en plus soumise aux verdicts des Bourses, pour deux raisons : les stock-options et la dictature des analystes financiers.

Les stock-options sont une invention décisive du capitalisme financier. En attribuant à des managers des droits d'acquérir des actions de leur entreprise à des cours préférentiels, elles visaient à assurer que ces derniers auraient désormais le même objectif que les actionnaires : maximiser la valeur de la capitalisation boursière de la firme. Élégance d'un système fondé sur le cours de l'action : l'enrichissement possible du manager sera payé, à sa sortie, par le marché et non par l'entreprise elle-même.

À l'origine, on a attribué, chaque année, aux top managers un droit d'acquérir ces actions, dans un délai de trois à cinq ans. Un moyen de les attacher durablement à leur société. Mais petit à petit, pour attirer les meilleurs, on a dérogé à ces bons principes et fini par leur permettre d'acheter immédiatement ou presque leurs options, les transformant mécaniquement en spéculateurs. Car, à court terme, un dirigeant peut manipuler son cours de Bourse de bien des manières, par les effets d'annonce, la mise en valeur de bons chiffres, fussent-ils provisoires, etc. L'économiste André Orléan compare les marchés financiers à la démocratie d'opinion : « Il faut convaincre à chaque chanson, comme un chanteur de variétés. »

En indexant, de ce fait, la gestion de l'entreprise sur des variations quotidiennes, on a pris le risque de pousser les managers à un court-termisme extrême, en contradiction avec l'intérêt des actionnaires qui est davantage la valeur durable. Début 2009, un des gourous de la classe patronale américaine, Jack Welch, chief executive officer historique de la General Electric, a déclaré que gérer les firmes en fonction de leur valeur en Bourse était une stupidité. Tout le monde ou presque en est, pourtant, arrivé là.

La plus-value plutôt que la transmission

Cette gestion à horizon court des entreprises ne pouvait s'installer durablement que par une complicité entre l'actionnariat et le management, rendue possible par de profonds changements dans la nature et les comportements des nouveaux actionnaires.

Le personnage central de l'ère industrielle naissante était l'entrepreneur. Porteur de l'idée et du risque, il entendait bien en récolter les bénéfices. Son objectif était : croissance, productivité, puis transmission à la génération suivante. Je suis né dans une de ces familles. Mon père et mon oncle avaient créé *Les Échos*, un petit périodique, en 1908. Deux fois, les guerres les ont obligés à en suspendre la publication, deux fois ils sont repartis à zéro. Mensuel, hebdomadaire, finalement quotidien, *Les Échos* sont devenus le journal d'une économie française en pleine croissance.

Ma famille en vivait, employant les enfants et les gendres. Ce n'est qu'au bout d'un demi-siècle que nous avons été amenés à vendre, à la suite d'un désaccord sur la transmission. L'idée même de céder une telle maison de famille avait quelque chose de honteux, c'était un échec dynastique. Évidemment, il n'avait jamais été question de mettre *Les Échos* en Bourse.

Aujourd'hui, nous croisons de jeunes entrepreneurs de trente ans qui ont déjà lancé et réussi leur boîte internet, avant de la vendre pour en relancer une autre. Au passage, ils ont acheté leur maison et constitué une substantielle cagnotte personnelle. Il n'est plus question de faire de la création et du développement de l'entreprise un projet de vie, avec l'espoir qu'un de ses enfants prenne la suite. La notion elle-même de start-up à succès, permettant à tout individu de devenir riche, est romantique, mais limitée à des secteurs où le coût d'entrée sur le marché est faible. Ce fut longtemps le cas pour Internet, mais désormais, les coûts de développement y sont devenus substantiels. Dès le début d'un projet, il faut faire appel à des fonds d'investissement spécialisés, qui acceptent d'accompagner le risque de départ.

Mais ils entendent bien, dans un délai inférieur à cinq ans, revendre l'ensemble avec une forte plus-value.

C'est encore plus vrai lorsqu'il s'agit de l'essentiel du tissu économique, fait d'entreprises dont les actionnaires sont surtout des fonds de pension ou spéculatifs. Ou même, derniers entrants sur ces marchés aux enjeux colossaux : les fonds souverains des États aux poches profondes. Les actionnaires de tous ces fonds attendent des rendements élevés et réguliers. D'où une pression constante sur les résultats des sociétés dont ils ont le contrôle. La nouvelle logique de l'actionnariat place le rendement devant le développement.

Le philosophe Bernard Stiegler, qui dirige l'Institut de recherche et d'innovation du Centre Georges-Pompidou, ne mâche pas ses mots : « La financiarisation liquide le capitalisme de la bourgeoisie, qu'elle remplace par un capitalisme mafieux. C'est la structure de l'actionnariat, où les actionnaires peuvent soumettre les dirigeants à leurs exigences les plus folles, qui conduit, au nom d'une prétendue rentabilité, à une économie ruineuse pour tout le monde. Ce capitalisme ne prend aucun engagement dans la durée, il est structurellement je-m'en-foutiste. Il mène à une sorte de piraterie : prendre le contrôle d'une activité, en tirer tous les bénéfices possibles et se retirer lorsqu'elle est ruinée. » La formulation est polémique, mais ce diagnostic est maintenant largement partagé. Déjà, il y a une vingtaine d'années, Philippe Delmas, magistrat de la Cour des comptes passé à la direction du groupe Airbus, constatait, dans son ouvrage *Le Maître des horloges* : « La fascination pour le profit à court terme porte en elle-même les germes de sa propre mort, car il en va comme pour les drogues dures : il en faut de plus en plus pour assurer le même niveau de satisfaction, rendant l'organisme de plus en plus malade. Le découplage de l'actionnaire et de l'entrepreneur, l'omission complète des besoins et contraintes de l'entreprise, la dislocation progressive de ses structures et de ses équipes entraînent une dégradation progressive des performances. »

À l'échelle d'un siècle, la logique structurelle du capitalisme s'est inversée. Ses objectifs de départ visaient la pérennité des entreprises. On était fier de pouvoir écrire sur son papier à lettres : « fondée en 1880 ». La rentabilité permettait d'investir, de faire de la recherche et de se constituer une trésorerie protectrice. Désormais, la préférence pour le profit à court terme a produit les délocalisations, la vente des actifs de production pour les reprendre en leasing. Des firmes très profitables licencient pour améliorer leur rentabilité, voire rachètent leurs propres actions pour accroître la valeur des titres détenus par les actionnaires. Toutes ces conduites sont de moins en moins compréhensibles par l'opinion. La légitimité morale et le rôle social des entreprises s'en sont inévitablement détériorés.

Les dirigeants de l'ex-groupe européen Arcelor en ont fait l'amère expérience : pur produit de l'Europe du charbon et de l'acier, Arcelor produisait des aciers de haute technologie et avait la meilleure profitabilité du monde. Un jour, Mittal, groupe sidérurgique indien constitué d'usines très disparates, fait une offre d'achat d'Arcelor, pourtant beaucoup plus gros que lui. La direction du groupe tente d'empêcher l'opération. L'avocat Pierre Servan-Schreiber, mon neveu, qui s'est retrouvé au cœur de ce combat de titans, raconte : « Il y a trois fronts dans ce genre de situation : le financier, le juridique et la communication. Dès l'annonce de l'offre, le titre Arcelor s'envole, ce qui incite les actionnaires de long terme qui l'ont en portefeuille à le vendre pour réaliser une très belle plus-value. Les titres sont rachetés par des investisseurs ultra-court-termistes, qui n'ont qu'un seul objectif : que l'opération réussisse. » La pression devient presque violente pour que le management d'Arcelor cède à Mittal. Les avocats ont donc dû se battre sur deux fronts : contre Mittal dont l'offre était jugée insuffisante, et contre les hedge funds, tous anglo-saxons, qui exigeaient la réussite de l'opération. Mittal a fini par remonter son offre de 50 % et accepter de modifier la structure de l'actionnariat. Les actionnaires ont fait 100 % de plus-values en cinq mois. Quelle a été la réaction des hedge funds ? Pierre Servan-Schreiber conclut : « Ils nous ont engueulés parce qu'on s'était trop battus, prenant le risque que l'opération n'aboutisse pas ! »

L'État s'est privé des moyens d'intervenir

Le désengagement de l'État de l'économie a moins marqué l'opinion que les nationalisations, d'ailleurs éphémères, mais il a généré une quasi-révolution des fonctionnements économiques. Laquelle ne pouvait qu'accentuer la tendance au court-termisme, comme le résume Philippe Delmas, dans *Le Maître des horloges* : « L'État est le gardien des horloges, le pourvoyeur de la lenteur nécessaire, inaccessible aux marchés parce que contraire à la rapidité qui fait leur force. » En libéralisant, on avait voulu, à juste titre, débrider le moteur de la croissance. On s'est aperçu un peu tard qu'on avait, en même temps, supprimé les freins.

Après le grand libéralisme du XIXe siècle qui a lancé l'industrialisation du monde, le XXe avait été celui de la prééminence des États en économie, pour une série de raisons. Les deux guerres mondiales ont amené l'État à intervenir pour orienter la production vers l'armement. Qui se souvient qu'après Pearl Harbor, Roosevelt avait, sans ambages, interdit la fabrication d'automobiles privées aux États-Unis au profit des Jeeps et des chars d'assaut ? L'intervention étatique a été aussi induite par la grande crise de 1929, et ses désastres sociaux et financiers.

Le grand économiste de cette époque, John Maynard Keynes, avait théorisé l'importance de l'intervention étatique, pour investir dans les grands équipements et lutter contre le chômage. La période de l'entre-deux-guerres, en vingt et un ans, a connu la crise, la constitution de l'empire soviétique, la montée des fascismes, régimes caractérisés par un dirigisme fort sur les fonctionnements économiques des pays. Lorsqu'il a fallu reconstruire l'Europe dévastée, seuls les États aidés par le Plan Marshall en avaient les moyens. D'où une forte influence de la social-démocratie, où les nationalisations, la redistribution sociale et les réglementations nées des pénuries de la guerre, toutes apanage des États, sont devenues la norme. Dans les cours d'économie des années 50, Marx était davantage vanté qu'Adam Smith.

Ce n'est que dans le dernier quart du XXe siècle que la tendance s'est inversée. À partir des théories de Milton Friedman et de l'École de Chicago, les idées de dérégulation, de privatisations et de libéralisation des échanges ont pris le dessus. Elles ont trouvé leurs champions politiques avec Margaret Thatcher et Ronald Reagan, relayés par les technocrates de Bruxelles.

Rétrospectivement, les nationalisations de Mitterrand, au début des années 80, emblèmes politiques d'un coup de barre à gauche en France, apparaissent à contre-courant des tendances mondiales. Preuve en est que Lionel Jospin, tout socialiste qu'il fût, a parachevé les privatisations quelques années plus tard.

La fin par abandon du communisme, la dynamique de la mondialisation, la liberté sans entraves des circuits financiers, la puissance des multinationales, l'étroitesse des cadres nationaux pour penser les problèmes à l'échelle de la planète, enfin l'épuisement de la pensée politique, ont renforcé, au début de notre siècle, la foi du charbonnier dans l'autorégulation des marchés.

Cette description cavalière des changements de l'ambiance politique mondiale récente permet de mieux comprendre pourquoi nous avons, collectivement, glissé dans un court-termisme censé être plus efficace que des planifications mal maîtrisées. Les valeurs qui le sous-tendent n'ont d'ailleurs rien de négatif en soi : pragmatisme, adaptabilité, flexibilité, opportunisme ont remplacé toute prétention idéologique. Leur réalisme de terrain a paru moins risqué que les griseries idéologiques porteuses de guerres et de crises.

Pas étonnant qu'au moment où a éclaté la crise de 2007, les États se soient trouvés démunis intellectuellement, comme sur le plan législatif, pour intervenir. Ils l'ont fait par le seul moyen que leur avait laissé le monétarisme désormais dominant : l'injection de flux financiers rendue possible par leur rôle de prêteur de dernier recours. Salutaire intervention, mais qui se limite à un rôle de sauveteur en mer. Faut-il réintroduire les États dans le jeu pour retrouver une vision à plus long terme ? Et si oui, à quelle dose ? Personne n'avance encore de réponse probante, mais le problème est posé.

Élie Cohen, professeur et commentateur médiatique de l'économie, tire le bilan de ces profondes transformations : « On a complètement démantelé les outils de l'intervention publique, notamment en France. En 1970, j'ai connu la politique industrielle, la Direction du Trésor, le Plan, les guichets spécialisés. Il ne reste plus rien de tout cela. J'ai été dernièrement invité par le ministre à participer aux états généraux de l'automobile. Il a fallu demander à des cabinets privés d'effectuer un audit stratégique de l'industrie automobile. Plus personne n'est compétent sur ce sujet-là au ministère. Soit la crise est brève, auquel cas c'est le Boston Consulting Group qui inspire le gouvernement français. Mais si la crise dure et s'aggrave, on réinventera alors des outils. Pour l'instant, l'État français n'est pas équipé pour y faire face. »

Aux États-Unis, où aucune ENA n'inculque aux futurs dirigeants une culture de service public, les rouages gouvernementaux ont fini par être infiltrés par les grandes banques, Goldman Sachs, en particulier. Ses cadres, anciens ou actuels, constituent une sorte de société secrète en face de laquelle le Président supposé le plus puissant de la planète se révèle dépourvu de moyens d'action efficaces. Pour avoir une idée de sa capacité à influencer le système politique, il suffit d'imaginer qu'en France, le ministre de l'Économie, le gouverneur de la Banque de France, le patron de la Bourse et le président de l'Autorité des marchés financiers aient travaillé dans une même banque avant de rejoindre le pouvoir.

Les X préfèrent le court-termisme

Les techniques financières, constamment affinées par l'inventivité des meilleurs esprits de notre époque, ont visé, entre autres, à déresponsabiliser les emprunteurs, à les décharger au maximum du poids de leurs dettes. Dire que ce sont les meilleurs esprits n'est pas une formule. À chaque stade du développement économique, les plus « capés » de chaque génération se sont portés vers l'innovation, les activités les plus valorisantes socialement, ou les plus rémunératrices. Au début du XXe siècle, la « botte » de Polytechnique ou de l'École des Ponts allait dans les chemins de fer pour équiper le pays. Plus tard, ils se sont retrouvés successivement dans l'automobile, les télécommunications, l'aéronautique, le service de l'État et la politique, qu'ils sont maintenant en train de délaisser. Depuis une décennie, ils préfèrent Internet et, surtout, la finance, les deux secteurs où les fortunes sont les plus rapides.

Élie Cohen illustre cette créativité financière : « À l'origine de toutes les grandes innovations financières de ces dernières années, vous trouvez toujours une vraie bonne idée. Ce qu'on appelle par exemple les "special entities" : ce sont des véhicules d'investissement de déconsolidation. Aujourd'hui, tout le monde dit que c'est une horreur absolue à l'origine de la crise. Mais c'est ce qui permet à leurs utilisateurs d'éloigner les risques tout en rendant les comptes des entreprises beaucoup moins transparents qu'ils ne l'étaient par le passé. Ils ont été inventés il y a vingt-cinq ans par des gens qui ont découvert que certaines sociétés, notamment dans les transports aériens, avaient des flux de revenus réguliers, les passagers, mais n'avaient pas les moyens de faire l'investissement d'achat d'un avion. Il y avait donc un véritable échec du marché : une demande solvable, mais une offre qui n'arrivait pas à se matérialiser.

À l'inverse, des investisseurs longs voulaient avoir des flux de revenus réguliers, mais ne trouvaient pas les moyens d'améliorer leurs performances. Jusqu'au jour où des gens de General Electric Finance ont décidé de mettre en place une entité financière qui permette, à partir de ces flux de revenus, de financer l'achat de ces avions. Leur inventivité a permis d'abaisser le coût du transport aérien, à de nouvelles compagnies de naître et à des catégories nouvelles de voyageurs d'utiliser ce système.

Autre exemple. Des gens veulent des placements, sans prendre de risque exceptionnel et avec un revenu régulier. En même temps, ils souhaiteraient bénéficier d'une performance boursière, si celle-ci venait à être exceptionnelle. Il faut donc monter un produit financier et surtout donner la garantie, dans le cas d'une promesse non remplie, d'avoir quelqu'un qui en supporte le coût. C'est la description de tout l'édifice d'innovation financière développé au cours de ces vingt-cinq dernières années. Une chaîne de valeurs du risque, qui s'est segmentée à l'infini avec des donneurs et des preneurs de risques différents et des acteurs objectivement intéressés, moyennant des rémunérations élevées, à prendre du risque ou à se couvrir contre le risque. Et cela a remarquablement fonctionné jusqu'à la crise. »

L'étincelle du brasier de cette crise, on l'a vu, est venue de cet instrument audacieux, qui avait pour but de permettre à des acheteurs insolvables, du fait de la modestie de leurs revenus, d'acheter quand même leur maison : les subprimes. On disait à ces familles américaines : les prix de l'immobilier montent, donc votre achat va se valoriser et vous pourrez rembourser, non pas sur vos revenus, qui sont insuffisants pour ça, mais sur la plus-value de votre maison.

Mais comment a-t-on pu croire, à long terme, à cette croissance ininterrompue des prix immobiliers ? Michel Cicurel, patron de la Compagnie Financière Rothschild, évoque un souvenir personnel : « Je n'ai rencontré Alan Greenspan (à l'époque patron de la Fed américaine et respecté par tous les Présidents) qu'une seule fois dans ma vie. C'était en juin 2006, dans un dîner avec quelques patrons parisiens. Je lui ai demandé ce qu'il pensait des prix de l'immobilier aux États-Unis, qui baissaient déjà depuis six mois. Il me répond : ils ne peuvent pas baisser, parce que le secteur de la construction ne fait pas de gain de productivité. Donc les salaires s'alignent fatalement sur les secteurs à gains de productivité rapides aux États-Unis. Par conséquent, le secteur de la construction est inflationniste par nature. Donc l'immobilier ne peut pas baisser. Je lui ai dit : et l'offre et la demande ? Il m'a répondu : non, croyez-moi, les prix de l'immobilier ne peuvent pas vraiment baisser. Je suis ressorti de là stupéfait. »

Toutes les pyramides de confiance qui reposent sur les convictions d'un gourou s'effondrent tôt ou tard. Mais les financiers ne sont pas recrutés sur leurs goûts pour l'histoire et la philosophie. D'autant que le système des subprimes avait été rendu possible par une autre idée pleine d'avenir, la titrisation. Elle consiste à transformer des dettes à haut risque, comme ces prêts immobiliers pour les bas revenus, en instruments financiers que l'on peut revendre en petits lots en offrant un taux de rémunération élevé. En titrisant, on a réparti le risque sur quantité d'investisseurs tout autour de la planète, qui, attirés par les rendements, en mettaient chacun un peu dans leurs portefeuilles de titres. Donc, en cas de catastrophe, personne ne devait couler, car les pertes seraient réparties. Jusqu'au jour où la baisse de l'immobilier a rendu l'ensemble des subprimes sans valeur, ils sont devenus invendables, non pas en partie mais en totalité. Ce qui a entraîné une crise de liquidités chez tous ceux qui en possédaient.

Comment des firmes peuplées des meilleurs esprits avaient-elles pu se mettre dans un pareil guêpier ? Parce que, après dix ans de croissance de quoi que ce soit, on oublie collectivement que les arbres ne poussent pas jusqu'au ciel. Cela porte un nom désormais familier à nos lecteurs : le court-termisme.

Manger son gâteau tout de suite

La préférence pour le présent est une attitude qui nous est assez naturelle. Elle est évidente chez les enfants, pour qui attendre demande un effort quasi incompréhensible. Plusieurs expériences ont été menées sur des bambins laissés seuls avec un bonbon : « Je reviens dans dix minutes. Tu peux le manger pendant ce temps-là, mais si tu ne l'as pas fait quand je reviendrai, je t'en donnerai un autre. » La grande majorité des petits mangeait le bonbon tout de suite. Un des objectifs essentiels de l'éducation à la vie en société n'est-il pas l'apprentissage de la satisfaction différée ? On a observé, par la suite, que, chez les enfants qui savent attendre dix minutes, les chances de réussite scolaire ultérieure sont nettement accrues.

Les économistes tiennent compte de cette tendance de fond, comme l'explique Daniel Cohen, qui occupe une chaire d'économie à l'École normale supérieure : « Si je demande quel est le prix auquel vous êtes prêts à échanger un gâteau dans deux ans par rapport à un gâteau dans trois ans, en fait, vous allez retrouver les 5 % de taux d'actualisation. Ce qui veut dire qu'il n'y a pas beaucoup d'efforts à faire pour vous convaincre de reporter d'un an à deux ou trois ans. En revanche, si je refais le même exercice entre aujourd'hui et dans un an, les calculs ne sont plus du tout les mêmes. Le "aujourd'hui", par rapport à quelque temps ultérieur que ce soit, prend un poids démesuré. Il n'y a pratiquement pas de prix auquel on est prêt à renoncer au gâteau aujourd'hui. Les économistes se sont rendu compte de cet effet de préférence pour le présent, ce qui fait que ce dernier reste toujours hétérogène au futur. Toute la consommation de la société moderne tend à cela. Les cartes de crédit, par exemple. Pour éviter la tentation de dépenser tout ce dont on dispose, il suffit de mettre votre argent dans un compte en banque et de s'assurer qu'on n'a pas toute la liquidité, voire qu'on est à court de liquidité, parfois, pour contrôler sa propre stratégie de consommation. Mais la société s'ingénie à déjouer les propres mécanismes qu'on met soi-même en place pour "gérer rationnellement son irrationalité". C'est la métaphore d'Ulysse et des sirènes : on passe notre vie à s'attacher à différents mâts pour éviter de céder à la tentation. On fait ça tout le temps. On s'impose des disciplines chaque matin. C'est une éthique de vie qui nous permet de dépasser cette tentation. Et la société fait le contraire. Elle passe son temps à détacher les cordes du mât qu'on a soi-même nouées pour éviter la tentation. »

L'épargne et la frugalité sont les vertus sur lesquelles se sont bâtis les systèmes industriels naissants. Pour les uns, c'était une contrainte de pénurie, pour les autres, une stratégie qui leur permettait l'accumulation nécessaire à tout investissement. Mais ces comportements généraient une croissance trop lente. Pour mettre ses désirs, ses besoins, ses objectifs au présent, l'endettement et le crédit ont été à l'origine des systèmes financiers les plus anciens. On est allé jusqu'à en faire un critère de gestion intelligente, des analystes financiers en venant même à reprocher à certaines entreprises un taux d'endettement insuffisant. L'effet démultiplicateur pour l'investissement comme pour la consommation a été décisif.

Mais comme tous les systèmes que l'on pousse aux extrêmes, ils se retournent contre ceux qui l'utilisent. Daniel Cohen disait par boutade que la préférence pour le présent n'a pas de prix. Si : celui du taux d'emprunt lié à l'opération que l'on veut plus tôt. La réponse à l'urgence de la crise de 2007, pour éviter qu'elle soit aussi meurtrière que la grande crise de 1929, a été, partout dans le monde, l'accroissement immédiat de l'endettement des États. Le système a été sauvé, ici et maintenant. Les générations suivantes paieront. C'est préoccupant, mais fallait-il préférer le risque d'effondrement, ce qu'avaient fait, par inexpérience à l'époque, les principaux gouvernements, au début des années 30 ?

Non seulement ces efforts pour actualiser le futur au présent structurent le fonctionnement de notre société, mais ils sont justifiés par un substrat philosophique. On ne vit jamais qu'au présent et ceux qui s'attardent dans le passé ou sont en attente de l'avenir passent en partie à côté de leur vie.

Et la dérive de cette attitude de bon sens est pointée par Daniel Cohen : « Plus le monde est incertain, plus on devrait être prudent. Or on a l'impression que c'est l'inverse qui se produit. Pour vivre dans un monde aussi incertain, il faut arrêter d'y penser. Pour ne pas voir ces risques, qui terroriseraient s'il fallait en tenir compte à tous les instants, la société s'est mise dans un mode de survie, telle l'autruche. » Le monde de la finance et de l'économie reflète bien notre époque, en même temps qu'il lui donne les moyens d'accomplir ses projets. Ceux-ci sont donc nés dans le court-termisme, à nos risques et périls.

Seule la finance est vraiment mondialisée

Le stade ultime de la prééminence de la finance, court-termiste, se joue sur le terrain politique. Lorsque la crise, qui cheminait depuis l'été 2007, a pris la force d'un ouragan après la faillite de Lehman Brothers en septembre 2008, le réflexe des gouvernements, dans le sillage des États-Unis, a été de sauver le système bancaire. Instruits par le précédent de 1929, les dirigeants politiques ont d'abord voulu éviter l'infarctus financier de l'économie et donc noyé de capitaux le brasier qui grondait.

Ce faisant, ils ont reconnu que les flux de capitaux étaient bien la clé de voûte du fonctionnement mondial. Pour sauver les banques, devenues les vaches sacrées du monde contemporain, les États se sont endettés massivement et nous, contribuables, avec eux.

L'opinion en a tiré la conclusion que le but était de sauver ceux qui avaient bien allumé le feu dévastateur. Le tout aggravé par les montants indécents des rémunérations et des bonus que s'attribuaient dirigeants et top managers de cette nouvelle caste dominante.

Pendant les mois qui ont suivi, les États ont cru, ou laissé croire, qu'ils allaient mettre les banques sous tutelle, voire les nationaliser, pour remettre de l'ordre et de la mesure dans le système qu'elles avaient ébranlé. On était convaincu que de nouvelles règles de contrôle et de modération des rémunérations des traders et dirigeants allaient être imposées par les puissances publiques en échange de leur soutien.

Mais ces illusions se sont rapidement dissipées. Les plus forts du secteur ont mangé les plus faibles ou les plus imprudents. Ceux qui ont survécu, la plupart, ont retrouvé très vite la santé : profits énormes, retour aux systèmes des bonus, au nez et à la barbe des États qui les avaient sortis de l'ornière. L'évidence s'est imposée : les banquiers mondiaux étaient plus puissants que les gouvernements.

Le comble de la confusion n'a-t-il pas été atteint lorsque, au moment de la crise grecque, début 2010, on a retrouvé, au premier rang de ceux qui attaquaient l'euro sur les marchés, Goldman Sachs, JP Morgan et Deutsche Bank ? Celles-là mêmes qui avaient été les principales bénéficiaires de la restructuration du secteur bancaire financé un an avant par les États américains et européens.

Plusieurs explications à cette impuissance publique à réguler et réformer des fonctionnements devenus dangereux ou scandaleux peuvent être avancées. Les États n'ont ni les hommes ni la connaissance du métier qui leur permettraient de se substituer aux banquiers. Lorsqu'ils ont dû intervenir dans le sauvetage de Fortis, les gouvernements belge, luxembourgeois et hollandais n'ont eu de cesse de céder de nouveau le contrôle à un opérateur. Et ce fut la chance de BNP Paribas. Quand le gouvernement britannique a pris la majorité du capital de la Royal Bank of Scotland, il en a changé les dirigeants, mais a dû la gérer selon les mêmes principes que les concurrents de cette dernière.

Plus globalement, le système financier international a tiré le meilleur parti de la mondialisation. L'argent, grâce au démantèlement des barrières nationales, circule où il veut, à la vitesse de la lumière. Les banques du monde sont en concurrence totale entre elles et font valoir à qui voudrait leur imposer des règles plus contraignantes que celles-ci entraveraient leur liberté de manœuvre sur le marché mondial. Donc, pas question de leur mettre des carcans dans un seul pays, car elles enverraient immédiatement leurs capitaux ailleurs, là où ils sont mieux accueillis.

Le seul moyen de leur imposer de nouvelles règles serait que tous les gouvernements se mettent d'accord pour adopter simultanément ces nouvelles règles. Ce qui reste à l'évidence une vue de l'esprit. Les banques sont mondialisées, tandis que la gouvernance et les lois restent au niveau des États, d'où la supériorité stratégique des unes sur les autres. Un seul exemple chiffré : il s'échange quotidiennement sur les marchés des changes autour de 5 000 milliards de dollars. Ce qui représente deux fois les réserves des grands pays industrialisés. Avec quels moyens les gouvernements pourraient-ils lutter contre les « forces du marché » ?

Quant à la régulation du système financier, c'est le jeu du gendarme et du voleur : les régulateurs risquent d'avoir toujours un train de retard, tout simplement parce qu'ils ne gagneront jamais autant que ceux qu'ils sont censés réguler ! Dans les situations de litige, le déséquilibre saute aux yeux : du côté des organismes financiers, des juristes, des avocats, des comptables ultrasophistiqués et extrêmement bien payés, qui passent leurs journées à réfléchir aux problématiques de régulation. De l'autre, des fonctionnaires, parfaitement rigoureux, qui ont une claire conscience de leur mission, mais qui gagnent à peine une fraction du salaire de ceux qu'ils doivent juger. Leurs questions ont beau être très pertinentes, la limite de leur action saute aux yeux.

Aucune règle financière ne peut s'établir au niveau planétaire si les États-Unis s'y refusent. Or la crise a montré que leur réticence à tout ce qui pourrait avoir des relents de socialisme – mot tabou pour les électeurs américains – limite sévèrement l'action d'une administration aussi disposée à intervenir que celle du Président Obama. Sans oublier que tous les rouages décisionnaires clés dans le gouvernement américain étaient aux mains d'anciens de Goldman Sachs ou d'établissements financiers ayant la même culture. C'est ainsi que la logique des banques s'impose aux dirigeants qui sont pourtant supposés être les plus puissants de la planète. Aussi forte qu'ait été la crise, on a maintenant compris qu'elle n'a pas suffi à modifier cet état de fait.

Autrefois, nous considérions l'entreprise comme une vache à lait
Erreur de jeunesse
Nous voulons du steak

4
L'entreprise
L'obligation de résultat raccourcit les horizons stratégiques

« Maintenir le leadership des États-Unis les yeux rivés sur les résultats trimestriels me semble une tâche impossible », écrivait, il y a presque vingt ans, Michael T. Jacobs dans *Short Term America*. L'auteur avait scruté de près le problème, comme directeur de la finance d'entreprise au département du Trésor à Washington. Aujourd'hui, ce livre semble prémonitoire de cet engrenage qui a mené l'économie mondiale au bord de l'abîme. Pas un chef d'entreprise rencontré au cours de cette enquête qui ne se soit plaint de la contrainte de ce *quarterly report*, inventée par les analystes financiers américains au nom d'une transparence accrue.

Ainsi, Claude Bébéar : « La gestion des entreprises est de plus en plus court-termiste à cause des *quarterly reports*. Ils faussent la vérité économique de l'entreprise qui s'apprécie sur la durée à moyen ou long terme. D'ailleurs, ils nous poussent à faire de faux bilans, puisqu'il faut, pour éviter les à-coups du cours de l'action, que les résultats soient lissés. Lisser les résultats, c'est publier de faux bilans. »

Aux États-Unis, un rapport du Business Roundtable, équivalent américain du Medef, révèle que huit directeurs financiers sur dix trouvent inutile la publication de résultats trimestriels et souhaiteraient les supprimer : la nécessité de présenter de « bons » résultats tous les trimestres a, selon eux, des effets pervers en repoussant certaines dépenses utiles sur le long terme. Jacques Manardo, un des fondateurs du grand cabinet d'audit Deloitte & Touche, est expert en la matière : « Il suffit de provisionner un maximum et de jouer sur les provisions. Les comptes sont orientés comme le veulent les analystes financiers, mais ne veulent plus dire grand-chose. »

Pourtant, pendant de longues années, les stars de l'Internet, Amazon, eBay, Google se sont offert le luxe d'ignorer les pressions des analystes de Wall Street pour suivre leurs propres stratégies, plus long-termistes. Elles constituent un cas à part : leurs dirigeants ont intégré dès le départ le rôle du marché boursier dans leur stratégie de développement. Ils passent l'essentiel de leur temps à rassurer les investisseurs et les analystes financiers. Et seule la confiance qu'ils ont réussi à instaurer a permis à leur entreprise d'exister sur le long terme. Avec le succès que l'on sait, puisque Amazon.com se pose aujourd'hui en rivale du géant de la distribution Walmart.

Justes ou faux, les comptes trimestriels contribuent forcément à river les yeux du management des entreprises sur les prochaines semaines, plutôt que les prochaines années. Une étude ne démontrait-elle pas que

87 % des responsables d'entreprises étaient prêts à réduire les budgets de recherche & développement, pour améliorer les comptes présentés aux analystes financiers ? Or la recherche coûte cher : rogner sur la recherche est tentant mais désastreux à moyen terme, et lorsqu'on cherche, on ne trouve pas forcément, ce qui engendre des coûts. Et le marché n'aime pas les coûts !

Les analystes financiers sont vus par les patrons comme des inquisiteurs en culottes courtes. Une fois encore, Claude Bébéar ne mâche pas ses mots : « Regardez le temps passé par les chefs d'entreprise à faire des *roadshows*, pour rencontrer des analystes financiers, qui sont de jeunes garçons de moins de trente ans sans aucune expérience du business, mais dont les avis influencent leur cours de Bourse. Certains n'hésitent pas à se montrer arrogants, et les chefs d'entreprise se laissent impressionner ! À tel point qu'après avoir fait quelques *roadshows*, j'ai arrêté et envoyé mes collaborateurs à ma place. Je n'ai pas de temps à perdre, je préfère m'occuper de l'entreprise, plutôt que de voir ces gamins. » Quelques mois plus tard, en février 2010, Axa se retirait de la cote de Wall Street pour ne plus être soumis à cette contrainte artificielle.

Les dirigeants du groupe Arcelor ne pensaient pas autre chose. En parfaits ingénieurs, ils préféraient se concentrer sur la recherche de nouveaux alliages de pointe, jusqu'à ce qu'ils soient débarqués par l'Indien Mittal, qui, à l'inverse, cajole les investisseurs, les analystes et la presse.

La productivité dévore ceux qui la servent

Comment en est-on arrivé là ? En grande partie à cause de la baisse tendancielle de la productivité. Cette productivité devenue l'obsession des chefs d'entreprise dès la fin de la Seconde Guerre mondiale. Après la triomphante démonstration de l'organisation américaine qu'avait été le débarquement de juin 1944, le modèle de l'efficacité ne pouvait venir que d'outre-Atlantique. Les patrons européens s'y sont rendus en masse pour des « missions de productivité », qui ont aidé de manière décisive à la reconstruction d'une industrie moderne sur le vieux continent.

La productivité vise à produire tous les ans davantage à moyens constants. Bel objectif, mais, là encore, les arbres peuvent-ils pousser jusqu'au ciel ? Trois moyens classiques permettent d'augmenter la productivité : produire plus grâce aux progrès de la technique ou de l'organisation du travail, développer la vente des produits par le marketing, ou réduire les coûts, en particulier le poids des salaires.

Les deux premiers sont les plus faciles. L'inventivité des ingénieurs a permis d'immenses progrès, mais dans beaucoup d'activités, la productivité a fini par plafonner. Le développement des marchés, surtout par la publicité, a occupé d'excellents esprits créatifs pendant des décennies, mais le coût du simple maintien des ventes n'a cessé d'augmenter. Ainsi Coca-Cola, pourtant la marque la plus connue du monde, s'estime obligée d'investir 2 milliards de dollars par an en soutien publicitaire à son nom.

C'est l'une des rares sociétés qui ont refusé la dictature des rapports trimestriels et ne s'en portent pas plus mal.

Mais depuis une dizaine d'années, dans nos marchés matures, la pression principale s'est concentrée sur les coûts de personnel, car l'augmentation régulière des salaires a régulièrement rongé la compétitivité des firmes européennes. D'où les délocalisations et les spasmes sociaux qui en résultent. La productivité est devenue un monstre qui dévore ceux qui la servent.

Dans les pays développés, il est de plus en plus compliqué de la faire progresser par la production ou la progression des parts de marché. D'où le relais pris par les profits d'origine financière. Juste avant le début de la crise, ceux-ci avaient atteint, aux États-Unis, 40 % du total des profits annuels, une influence disproportionnée par rapport au poids réel de la finance dans le PIB du pays. Non seulement les bénéfices des banques et établissements financiers ont crû plus vite que ceux de l'industrie, mais, dans les plus grosses firmes, la gestion de leurs placements et de leur trésorerie est devenue centrale dans leurs résultats.

General Electric est emblématique à cet égard. Plus que centenaire, elle a longtemps prospéré dans l'industrie lourde, jusqu'à ce qu'elle crée une division financière, GE Capital, qui représente aujourd'hui le tiers de son chiffre d'affaires. Forte de 50 milliards de dollars de trésorerie, elle excelle auprès des entreprises, dans toutes les opérations des établissements financiers traditionnels.

Mon neveu David Servan-Schreiber, professeur de médecine, me racontait qu'au conseil d'administration de l'hôpital de Pittsburgh où il siège, on s'était aperçu que les résultats d'exploitation de l'année étaient déficitaires, pendant qu'un profit substantiel avait été dégagé par le fonds financier, qui gère les dotations en capital de l'institution. « Pourquoi ne pas fermer l'hôpital et conserver seulement le fonds ? » avait lancé un membre du conseil. Cette boutade ne faisait que souligner ce qui devient la pensée dominante : le profit est plus facile et rapide dans le maniement de l'argent que dans la création de biens et services. L'usage du temps dans l'industrie et la finance n'est pas le même. Plus la finance prend d'importance, plus le tempo économique devient court-termiste, avec les risques de myopie, voire de fraudes, qui peuvent s'ensuivre.

L'exemple le plus flagrant a été celui d'Enron qui fut, en 2001, à l'origine de la plus grosse faillite américaine. Cette firme de production d'énergie, septième capitalisation boursière américaine, avait appliqué à sa manière l'idée de l'administrateur de l'hôpital de Pittsburgh. Comme l'explique Élie Cohen : « Cette technique, utilisée par Enron, a donné un désastre planétaire. Au départ, Enron est une entreprise gazière, mais elle a poussé à l'extrême l'idée qu'une entreprise n'avait pas besoin d'avoir d'actifs, car ils coûtent cher en capital. Il devenait plus rentable qu'une firme soit un simple optimisateur de flux financiers, même si c'est une entreprise énergétique. Les premières années qui ont suivi étaient formidables. Mais cette idée intelligente a donné lieu à un tel dévoiement, y compris frauduleux, de la part de ses dirigeants, que cela a provoqué l'effondrement du système et la disparition d'Enron en décembre 2001. Les sociétés de consultants avaient vendu le modèle Enron, appelé l'*asset light strategy*, dont l'aboutissement souhaité devait être l'entreprise sans usines et sans ouvriers. »

Quelle est la vraie finalité de l'entreprise ?

Il ne faut pas croire pour autant que l'obsession financière règne dans la majorité des firmes, mais de tels exemples poussent à s'interroger sur leur finalité. Quelle est sa raison d'être : satisfaire les ambitions d'argent et d'ego de son fondateur ou patron ? Produire des biens ou services utiles ou novateurs pour la société ? Jouer un rôle de développement pour une ville ou une région ? Créer des emplois et veiller sur le bien-être de ses salariés ? Ou viser, pour ses actionnaires, à la valorisation maximale de leur investissement ? La réponse idéale est, bien sûr : tout cela à la fois. Et il est vrai que, surtout dans ses débuts, l'entreprise peut parvenir à remplir tous ces rôles. Mais les crises, les changements de dirigeants ou l'obsolescence des méthodes ou produits finissent par mettre à mal certaines de ces missions.

Depuis quelques années, on constate un affaiblissement des responsabilités sociales, à l'égard des salariés, de la région ou du pays, dû à la pression accrue du marché financier pour satisfaire les actionnaires. L'opinion et les travailleurs pouvaient admettre des licenciements pour rétablir les comptes d'une entreprise en perte, ou pour la sauver du désastre. Mais ils trouvent scandaleux d'être privés de leur job pour arrondir les profits d'une firme déjà très rentable, d'autant plus si elle est contrôlée par des fonds anonymes établis dans un lointain pays. L'abandon délibéré par des dirigeants d'une partie des rôles historiques de leur entreprise trahit leur focalisation sur les résultats immédiats, au mépris souvent des conséquences sur le monde qui les entoure.

Il y a quelques décennies, on prêtait aux multinationales américaines une influence mondiale considérable, mise en lumière par mon frère, Jean-Jacques Servan-Schreiber, dans *Le Défi américain*. Dès la fin des années 60, il les décrivait comme en mesure d'imposer leurs volontés aux États, qui recherchaient activement leurs investissements et les implantations de leurs usines. Aujourd'hui, beaucoup des grandes sociétés américaines ont été efficacement concurrencées par leurs homologues européennes ou asiatiques. Sauf dans les nouvelles technologies, où les Google, Apple, Microsoft, eBay ou Facebook mènent le jeu. Désormais, le pouvoir transnational s'exerce à travers le système financier. Il dicte son rythme, ses urgences aux politiques économiques nationales.

L'impératif de faire tourner plus vite l'argent dans le monde ne s'est pas seulement imposé aux États, il a modifié le fonctionnement managérial des grandes entreprises. D'abord dans le recrutement de leurs dirigeants. Longtemps, quand la croissance dépendait de l'innovation et de l'organisation du travail, les grands patrons étaient ingénieurs de formation et souvent polytechniciens. Puis il a fallu passer, selon la belle formule de Paul Mazure, un des inventeurs, dans les années 20, de la propagande politique, « de la satisfaction des besoins à la fabrication des désirs ».

Ce sont naturellement les experts en marketing qui ont pris la tête des entreprises à la conquête des marchés mondiaux. Aux X ont succédé les proctériens, car Procter & Gamble avait fondé son succès sur un marketing quasi scientifique. Ses méthodes ont nourri les *case studies* des business schools où se formaient les futurs dirigeants des firmes transnationales.

Les profits comptent plus que les produits

Aujourd'hui, les entreprises continuent à faire appel aux meilleures compétences technologiques ou marketing, mais les postes suprêmes sont de plus en plus dévolus à ceux qui savent compter. Car les développements productifs, promotionnels ou par acquisitions nécessitent des stratégies financières de plus en plus complexes. C'est là que doivent exceller les imaginations les plus pointues et les mieux formées. Mais aussi parce que la poursuite de la croissance des profits dans des marchés matures passe désormais par une restructuration permanente des coûts. Inévitablement, la main passe à ceux qu'obsède la *bottom line*, la ligne du profit dans le compte d'exploitation.

Pour améliorer les résultats à la vitesse exigée par les actionnaires et les marchés financiers, il faut mettre en place des managers sans états d'âme. Plus les entreprises ont grandi, au gré de leurs développements internationaux et de leurs fusions-acquisitions, plus les métiers s'y sont multipliés. Les branches et filiales de firmes comme General Electric exercent jusqu'à cent métiers différents. Le grand patron en est donc, par nécessité, un généraliste et le seul élément d'unité provient des comptes consolidés. Le creuset commun ne peut alors être que financier.

La culture financière s'est donc imposée aux managers et les pousse à faire passer les produits et les hommes après les profits. Même si tous les grands dirigeants ne sont pas devenus des comptables, ils savent que leurs performances sont décisives pour leur cours de Bourse et que leur carrière se joue sur une poignée de chiffres tout en bas d'un tableau. Leur horizon est au bout de leurs chaussures.

D'autant que ceux qui arrivent aux commandes des grands navires n'ont pas la vie devant eux. La durée de leurs mandats avant la retraite avoisine les cinq ans en moyenne, voire moins si les choses se passent mal. Certes, bien des grands groupes ont su préserver les processus habituels de succession : le patron prépare pendant des années celui qu'il adoubera, lui confiant des directions successives, surtout à la tête de ses filiales internationales. C'est ainsi que, chez Renault, Louis Schweitzer a mis en piste Carlos Ghosn en lui confiant Nissan où il avait excellé. De même, Lindsay Owen Jones, chez L'Oréal, avait de longue date choisi Jean-Paul Agon. Et quand la succession est familiale, le processus souhaitable reste le même, Franck Riboud a été le patron d'Évian avant de devenir celui de Danone. Martin Bouygues a présidé Maison Bouygues avant de prendre la tête du groupe entier.

Dans ces quatre cas, ce déroulement « à l'ancienne » a été rendu possible par la stabilité de l'actionnariat de ces groupes et leur prospérité des années durant. Mais souvent, ce temps et ce calme manquent, du fait d'une plus grande volatilité de l'actionnariat. Les grands patrons savent que leur longévité en poste dépend des profits, ils imposent la même contrainte à tous ceux qu'ils dirigent.

La crise a rendu cette situation caricaturale. Dans les plus grands groupes à stratégies planétaires, le quotidien de chaque manager semblait se focaliser exclusivement sur la réduction des coûts. De combien de salaires peut-il réduire son équipe ? Quelles fonctions peut-on externaliser ? Quels plans peuvent-ils être retardés, voire annulés, pour améliorer les comptes avant la fin du trimestre ? De combien peut-il couper les dépenses de recherche, d'entretien de l'image, de développement durable, de renouvellement des équipements, d'étude de nouveaux produits ?

Nombreux sont les cadres supérieurs qui décrivent une véritable atmosphère de peur, émanant des échelons supérieurs et descendant en cascade le long de toute la pyramide hiérarchique.

Une étude récente réalisée par le Hudson Center for High Performance, un think tank américain, a interrogé plus de 3 000 managers de haut niveau sur le secret des performances de leurs entreprises. On leur a demandé si leurs groupes parvenaient à leurs résultats par l'introduction de nouveaux produits ou services : seulement 10 % ont dit que c'était le cas. Pourquoi ? Par vision à court terme, ont-ils répondu. Les auteurs de l'enquête ont remarqué que les profits obtenus par pression sur les responsables avaient du mal à se maintenir. Ils en ont conclu que les mesures à court terme produisaient des résultats tout aussi éphémères.

L'obsession du low cost

Les années de crise finissent par être surmontées, mais la mise entre parenthèses du futur qui en résulte demeure plusieurs années. Cette obsession des coûts n'est pas différente lorsqu'il s'agit non plus de lutter contre une baisse des recettes, mais d'améliorer constamment un résultat financier érigé en pôle magnétique de l'entreprise. Le mot magique d'aujourd'hui a été lancé par les compagnies aériennes nouveau style : low cost. Tout peut être révisé, remanié, redéfini autour de ce nouvel avatar de la productivité : faire la même chose pour moins cher. Dès avant la crise, les grands dinosaures multinationaux commençaient à s'inquiéter de ces mammifères inventifs, qui remettaient en cause leurs structures et leurs procédures trop lourdes. En 2009, Ryanair, compagnie irlandaise lancée en 1985, faisait jeu égal avec Air France, née en 1933 ! Une illustration de la théorie de Schumpeter, pour qui le capitalisme se régénère en procédant aux destructions nécessaires de son tissu économique.

Un processus bénéfique lorsqu'il découle d'une innovation technologique qui rend tout un secteur plus efficace et moins coûteux. L'exemple actuel le plus évident est le bouleversement de la fourniture d'informations qu'a provoqué Internet. Comment l'industrie du papier imprimé pourra-t-elle survivre à l'accès gratuit de chacun à l'information immédiate et gratuite ? Un problème qu'ont dû se poser les diligences à l'arrivée de l'automobile.

Aujourd'hui, il est clair que le long terme passe par le web, qui a encore tant à inventer et continuera à bouleverser nos manières de vivre. Les métiers qui remplissaient jusqu'ici ces fonctions livrent des combats en retraite, où la seule alternative est de rejoindre l'adversaire ou de mourir avec honneur.

Dans les secteurs où la technologie n'évolue plus, le maintien des résultats face à la concurrence ne dépend que d'économies ou de redéfinition des manières de faire. Exemple : le transport aérien et le grand commerce. L'un est remis en cause par le low cost, l'autre par le hard discount et le e-commerce.

Ce sont des phases classiques du renouvellement du capitalisme, mais ceux qui doivent les traverser voient leur horizon limité par l'urgence. En France et dans les pays d'économie mature, la majorité des salariés travaillent dans des secteurs où la productivité est tendanciellement en baisse et où des restructurations douloureuses s'imposent. Comme le long terme inquiète, on évite d'y penser et l'on vit, de plus en plus, au jour le jour.

Les conséquences sont palpables dans l'ensemble des fonctionnements des entreprises. Il y a encore vingt ans, on demandait aux dirigeants de présenter à leur conseil d'administration le plan à cinq ans de la société. Depuis, on a réduit l'horizon en essayant de caler des plans à trois ans. Lesquels, depuis la crise, n'ont plus guère de crédibilité, sauf pour les investissements de construction ou de machinerie lourde. Même dans ce cas, il arrive que l'on impose aux responsables de suspendre leurs grands projets en attendant... qu'on y voie plus clair. Courant 2009, par exemple, des communiqués d'entreprises annonçaient que le troisième trimestre serait probablement meilleur, mais qu'on manquait de visibilité sur le quatrième. Autrement dit, les grands vaisseaux naviguent dans le brouillard en prévenant que leur radar est en panne. Éric Albert, expert consultant en ressources humaines, fréquente des dirigeants des secteurs les plus diversifiés. Il a constaté, chez la plupart, une même faiblesse du discours stratégique.

Le CDD, ou le travail court-termisé

Le court-termisme ne touche pas seulement les hautes sphères et les décideurs, toute la structure de l'entreprise en est affectée. En entrant sur le marché du travail, seul un jeune sur six reçoit un CDI, les cinq autres commencent par un simple stage ou un CDD auquel, le plus souvent, succèdent un, deux ou trois autres CDD. Celui qui finit par obtenir le CDI tant attendu le montre fièrement à ses amis, comme autrefois le parchemin de fin d'études supérieures. L'atmosphère de précarité, qui dure ainsi des années, détermine la mentalité actuelle de la jeunesse. Comment envisager des projets personnels ou familiaux devant une telle incertitude sur son gagne-pain ?

Plus la crise s'accentue, plus la pression sur les résultats est forte, plus les entreprises sont réticentes à créer des emplois. Embaucher des permanents devient une responsabilité qu'il faut mûrement peser, jusqu'à calculer d'avance le montant des indemnités de départ s'il ne donne pas satisfaction. Il est loin, le temps où un chef d'entreprise annonçait fièrement qu'il avait 3 000 salariés. Aujourd'hui, il faut qu'il se trouve des excuses : « C'est 1 000 de moins que l'année dernière. » Tout est bon pour fuir les redoutés « frais fixes » que sont les salaires : appel massif à l'intérim, multiplication des CDD à la limite de la légalité, externalisation de services entiers, car on préfère avoir des fournisseurs que des employés. Sans oublier les délocalisations vers les pays à bas salaires et à lois sociales plus souples. Pour les gestionnaires, les salariés deviennent une « variable d'ajustement ». Comment demander de la fierté au travail et de l'attachement à l'entreprise et ses valeurs, à des « variables d'ajustement » ?

Pour les cadres, interroger son employeur sur son plan de carrière, naguère discuté au moment de l'embauche, relève de la faute de goût. Il faut être souple et attentiste, sous peine de passer pour lourd. En conséquence, on ne peut plus guère attendre de fidélité à l'entreprise, vertu cardinale des temps anciens. Les impétrants s'entendent quelquefois dire : « Si vous passez deux ans ici, ce sera bon pour votre CV et ça vous aidera pour votre prochain recrutement. » Les directeurs des ressources humaines en viennent à préférer perdre quelqu'un qui vient d'être formé, plutôt que de le voir s'incruster dans leurs charges. Les pertes de talents qui en résultent provoquent un gâchis accru pour l'entreprise et la société en général. Mais pour l'instant, la hantise des frais fixes a fait des DRH des ingénieurs en plans sociaux. Pour autant, les sociétés qui ont fait preuve d'un sens minimal du long terme, en conservant une politique de formation, de motivation et d'emploi, creuseront la différence avec leurs concurrents obnubilés par leur prochain trimestre.

Entre l'individualisme actuel et la priorité aux résultats immédiats, la seule préoccupation de long terme qui reste aux cadres et dirigeants semble être celle de leur propre carrière.

Nous sommes parfaitement synchrones : je venais juste de faire de la place dans les placards.

5
La consommation
Acheter trop, tout de suite, trop souvent

Le 29 juin 2007 à minuit, une longue file stationne, sur la Ve Avenue, au cœur de Manhattan, devant la belle cage de verre qui mène au magasin souterrain d'Apple. Les portes s'ouvrent, les clients, dont la moyenne d'âge est d'à peine plus de vingt ans, se ruent pour faire partie des tout premiers propriétaires de l'iPhone. Chacun paye 399 dollars son trophée, dont la capacité de mémoire est de 4 Go. Un nouveau chapitre de la consommation contemporaine démarre en trombe.

Deux ans plus tard, la firme de Steve Jobs lance déjà le troisième modèle de cette gamme, l'iPhone 3GS. Outre de nombreuses améliorations, sa mémoire est passée à 16 Go, et son prix n'est plus que de 199 dollars. Le modèle équivalent au premier iPhone de juin 2007 se vend désormais 99 dollars, le tiers du prix de lancement. Mais la plupart des acheteurs d'origine ont déjà changé au moins une fois leur appareil.

L'iPhone rassemble l'essentiel des éléments clés du succès d'un lancement actuel. Une forte attente orchestrée par une marque phare planétaire. Un marché en plein essor : le smartphone. Une technologie innovante : l'écran tactile. Un design inédit. Des médias conquis d'avance. Une stimulation de la pulsion d'achat utilisant astucieusement la rareté. Une grande flexibilité des prix. Des mises à jour fréquentes, qui démodent vite la version précédente aux yeux d'utilisateurs qu'Apple a su transformer en fans. Avec plus de 25 millions d'appareils vendus en deux ans, l'iPhone a pris d'assaut son marché. Il n'a pas détrôné Nokia, son principal concurrent, mais, plus important peut-être, il est devenu le standard de ce type de produits. C'est à lui désormais que sont comparés tous les nouveaux modèles de smartphones.

Création du désir, innovation, effet de mode, renouvellement rapide de la gamme, promotion instantanément mondiale, rêve mis à la portée de la plupart des bourses. Un cas d'école de bout en bout. Fin 2009, Steve Jobs était nommé par le magazine *Fortune* « patron de la décennie ». Le mois suivant, il lançait l'iPad.

Robert Rochefort, analyste reconnu de la consommation des Français qui a dirigé pendant vingt-deux ans le Centre de recherches pour l'étude et l'observation des conditions de vie (Credoc), campe le problème : « Avant d'entrer dans la société de consommation, nous avions une conception patrimoniale des objets et de l'acte d'achat. Elle s'inscrivait dans un temps relativement long. Un exemple simple : on achetait un meuble, on le gardait toute sa vie, et on le transmettait à ses enfants. Cette logique typiquement patrimoniale concernait aussi la voiture : même si elle perdait de sa valeur au fil du temps, elle était considérée comme un élément de patrimoine. Pour le consommateur, plus on passe d'une logique patrimoniale à une logique d'usage, plus on raccourcit le temps. Si on prend l'exemple des meubles, les enfants trouvent de moins en moins d'intérêt à récupérer les meubles de leurs parents. Ils ne correspondent plus à leur style de vie. Idem pour la bijouterie, la joaillerie : aujourd'hui, on achète des bijoux fantaisie. Qu'est-ce qui se transmet aujourd'hui ? Plus grand-chose, à part l'immobilier. »

Acheter plus, plus vite, plus souvent

Dans l'activité d'un pays, la croissance de la consommation est centrale, puisque les dépenses des ménages comptent pour plus de la moitié du PIB. Tout ce qui la pousse, l'accélère est considéré comme positif, comme une mesure de la santé économique. Si elle progresse, on ne s'inquiète pas, si elle fléchit, tout gouvernement est sommé de mettre en œuvre les moyens de la relancer. L'essentiel de la production des entreprises d'un pays moderne n'est-il pas consacré aux produits de consommation ? Une fois que les besoins de base sont satisfaits, il faut, pour continuer à vendre, avant tout donner envie. Le rapport aux objets déconnecte de plus en plus l'utile de l'agréable. L'obsession stratégique ressemble à la devise olympique : faire acheter davantage, plus vite et plus souvent. Plus cher aussi, si l'on peut, mais c'est secondaire, car, l'exemple de l'iPhone l'illustre, la tendance actuelle consiste à baisser les prix pour se rattraper sur les volumes.

Depuis le milieu du XXe siècle, nous vivons dans cette société de consommation qui s'est, de fait, substituée aux valeurs religieuses d'austérité et de frugalité compensées par une promesse de paradis dans l'au-delà. La consommation nous offre des satisfactions immédiates et souvent narcissiques. D'où son succès magistral. Reste à savoir si elle parvient aussi à répondre à la demande de sens de la vie, le point fort des religions. Beaucoup l'ont cru ou voulu le faire croire. Force est pourtant de constater que nous sommes de plus en plus conditionnés au culte des objets ; ce qui manque singulièrement de transcendance.

Du point de vue du fabricant ou de la comptabilité nationale, la consommation idéale doit être répétitive. Ce qui est facile à obtenir pour les produits de première nécessité, yoghourts, gels de douche, collants. Mais si, dans le cas des deux premiers, le renouvellement se fonde sur un usage quotidien, pour les collants, par exemple, elle dépend de la vitesse avec laquelle ils s'usent. Les premiers « bas nylon » des années 50 étaient bien trop solides pour rentabiliser les chaînes de montage. On a donc fait en sorte qu'ils filent raisonnablement vite. Mais, pour le fabricant, il importe aussi que ce renouvellement se fasse au profit de sa marque et non des autres. D'où les fonctions cruciales de la promotion et de la publicité : accélérer et fidéliser les rachats. La fabrication du produit ne vaut que si l'on y ajoute du marketing, qui devient d'autant plus sophistiqué que le niveau de vie de la population s'accroît.

Robert Rochefort pointe d'une phrase nos contradictions : « La consommation m'a toujours fasciné, car c'est à la fois un élément de conditionnement majeur, et de liberté individuelle absolue. Avec des euros en poche et une carte de paiement, on n'a de comptes à rendre à personne. Il suffit d'être solvable ! » La vitesse est au cœur de ce fonctionnement et tout est fait pour l'accélérer.

Donner l'impression de renouvellement

C'est l'expérience banale et étonnante de chaque visite dans une grande surface. Aux rayons entiers de produits similaires ou presque, sous des marques différentes, s'ajoutent de constantes nouveautés, dont le seul but est de rompre la routine pour raviver l'acte d'achat. Il en a longtemps été de même pour l'automobile, lorsqu'elle représentait le principal objet de consommation de chaque famille. Longtemps, des marques comme Ford ou General Motors se sont contentées de modifier le look de leurs engins pour inciter leurs clients à changer de modèles tous les deux ans. Dès les années 40, Alfred Sloan, l'homme qui avait fait de GM le leader de l'industrie automobile américaine, l'avait formalisé : « Le plus important incitateur d'achat d'une voiture est son look, parce qu'il donne une impression de renouvellement. Chacun supposant, par ailleurs, que la voiture va marcher. » On sait où ça les a menés.

Aujourd'hui encore où c'est l'usage même de la voiture qui souffre d'une désaffection, la survie de cette industrie dépend du renouvellement de l'offre. Cette fois, il ne s'agit pas de modifier leur design, désormais banal, mais la technologie elle-même, de l'hybride au tout électrique, le plus vite possible. Rapidement, le marché va nous offrir pléthore de véhicules comparables et des sommes considérables seront dépensées pour mettre en valeur leurs différences sur les détails. La logique de cette offre foisonnante échappe à toute autre raison que la rage de survivre de chaque concurrent face aux autres. Habitués dès notre naissance à cette abondance, elle finit par nous sembler normale. Seule la démonstration de plus en plus convaincante que ce gâchis appauvrit notre planète à une vitesse, elle aussi accrue, pourrait nous inciter à nous poser de nouvelles questions.

À l'origine, il y a le mimétisme, dont le philosophe René Girard fait le principal moteur de progrès des sociétés humaines. Ce que possède mon voisin, mon semblable, il me le faut aussi. Le désir que manifeste l'autre crée le mien. S'agissant de biens rares : joyaux, territoires, couronnes, ressources naturelles, la solution des conflits de désir n'a cessé, dans l'histoire, de provoquer drames, trahisons, meurtres et guerres.

Lorsque l'on sort de la rareté pour accéder à la consommation, les désirs mimétiques se pacifient, puisqu'ils se monnaient, mais le mécanisme reste identique. Il me faut le même blouson que Charles, le même scooter que Marguerite, le même week-end à Venise que les Dupont. Cet engouement pour l'imitation est le plus puissant moteur d'activation de la consommation. C'est bien pourquoi la publicité se contente rarement de présenter un produit seul, mais le montre, consommé ou utilisé par quelqu'un qui pourrait être vous et moi.

La mode crée l'obsolescence psychologique

Une nouveauté devient à la mode lorsqu'elle occupe l'imagination d'un grand nombre de gens autour de moi. Là encore, le but du jeu est de diriger le phénomène pour l'accélérer. Le vêtement qui, de tout temps, s'est redéfini avec chaque génération ou transformation sociale, est donc le domaine privilégié du renouvellement psychologique des besoins. La haute couture s'en est emparée, dès l'entre-deux-guerres, avec la généralisation des collections. D'abord deux fois par an, été et hiver, et à l'usage exclusif d'une clientèle privilégiée, les collections se sont généralisées à tous les niveaux de l'industrie de l'habillement et ont accéléré leurs fréquences.

Selon Robert Rochefort : « Le cycle des collections s'est constamment raccourci : pour activer la consommation, la mode a été construite pour faire du vieillissement d'image avant le vieillissement physique de l'objet. Aujourd'hui, dans les entreprises de prêt-à-porter qui marchent à peu près bien, on est sur des saisons qui durent six semaines, contre six mois il y a vingt-cinq ans… »

Chaque nouvelle collection, mise en scène par les magazines féminins, place les consommatrices dans un processus pavlovien. Certaines, parmi les plus jeunes, se laissent moins prendre à ce jeu artificiel. Elles veulent pouvoir choisir leur style en mélangeant les indémodables, comme le jean, avec certains accessoires à la mode et des trouvailles vintage, le tout en superpositions improvisées.

Notre société de consommation s'est édifiée sur un

amas d'objets. L'offre est si abondante que le client oscille entre la saturation, la perplexité du choix, puis la fatigue psychologique. D'où l'importance de ce qui se passe aux points de vente, qu'ils soient kiosques de presse, hypermarchés ou épiciers maghrébins. Tout commerçant sait d'expérience à quels endroits il doit situer les produits dont il veut pousser la vente : près de la caisse, en tête de gondoles, à l'entrée du magasin, sur l'étagère à hauteur des yeux des clients, etc.

Les fabricants aussi le savent, d'où une négociation serrée et chiffrée entre eux et les grands distributeurs afin de s'assurer de ces emplacements de choix pour au moins quelques jours. Une partie substantielle des profits des magasins découle de ces ristournes, dont le consommateur ne sait rien, mais aux stimuli desquels il réagit comme attendu.

Toute accoutumance risque de ralentir le rythme des achats – un péril pour la consommation. L'idéal est un renouvellement si fréquent de l'offre que le client passe par curiosité, ne serait-ce que pour voir ce qu'il y a de neuf. Ainsi, les magasins H&M changent presque chaque jour les emplacements de leurs produits, même si ces derniers restent les mêmes, des semaines durant. Comme on s'arrête volontiers chez le poissonnier ou le fruitier pour voir s'il y a de nouveaux arrivages, le but des magasins de mode est de créer artificiellement une telle attente pour des produits durables.

Les confectionneurs de prêt-à-porter du Sentier, à Paris, savent produire dans leurs ateliers des modèles nouveaux en quelques jours. Quand la collection d'un grand styliste sort, ils peuvent fabriquer dans la semaine une robe qui s'en inspire et la mettre en vente en quelques jours. Le délai de conception et de livraison est comprimé au maximum ; vendre est urgent.

C'est particulièrement vrai dans les produits de beauté, comme le confirme Brigitte Liberman, directrice de la cosmétique chez L'Oréal : « On en arrive à une notion de turbo-consommation. Dans le domaine de la beauté-santé, on veut tout, immédiatement. Des produits, de l'image, avec une communication accessible à toute heure. »

Soldes permanents

Quant au vieux truc commercial des soldes qui permet aux commerçants de déstocker et aux acheteurs de courir la bonne affaire, il a dû aussi s'adapter à l'accélération. Aux deux périodes de soldes par an, on en a substitué quatre. Aux dates fixes dans tout le pays succèdent des dates variables selon les régions et les spécialités. De ce fait, les commerçants réduisent leurs commandes initiales pour ne pas se retrouver avec des excédents sur les bras. Les clients, eux, ont l'impression qu'il suffit de différer l'achat du modèle qu'ils convoitent de deux ou trois semaines pour l'obtenir en solde. Désorientation garantie.

Pour pousser à la consommation, il faut porter à son comble le sentiment d'éphémère, d'instant à saisir, bref de « tout de suite ou pas du tout ». Avant, on misait sur la durabilité des produits, la certitude de trouver ce que l'on cherche, ou au moins de pouvoir le commander vite, le tout dans une stabilité rassurante des prix. Tout ceci est en train de voler en éclats, transformant le shopping en jeu de hasard et de ce fait en divertissement, ou dérivatif des vrais soucis de la vie.

Cette notion est depuis des décennies au cœur des mécanismes de la société de consommation. Elle consiste à organiser, d'une manière ou d'une autre, un renouvellement accéléré de l'achat des produits par les consommateurs. Elle a été formulée pour la première fois par Bernard London, un économiste qui en faisait, en 1932, un des leviers à utiliser pour sortir de la grande crise de 1929. Dans les années 60, elle a été popularisée par Vance Packard, sociologue américain, dont le fameux livre *La Persuasion clandestine* assimilait la stimulation artificielle de la consommation à une forme de complot fasciste des producteurs et des vendeurs. Packard distingue deux sortes d'obsolescence programmée, celle du désir et celle de la fonction.

La mode appartient à l'évidence à la première catégorie : à l'objet désiré on propose une alternative, plus nouvelle, plus au goût du jour. Ce qui est d'autant plus facile que c'est le créateur de l'objet, le couturier, qui définit ce goût. Selon la formule du designer industriel George Nelson : « Quand on n'a pas d'innovation à apporter, le seul moyen de donner l'illusion du changement est le stylisme. »

L'obsolescence de la fonction est introduite dans la conception même du produit. Elle peut, par exemple, rajouter de nouvelles fonctionnalités, que le client en ait besoin ou pas. Les rois en la matière sont les fabricants de logiciels et de programmes informatiques, dont les mises à jour s'offrent presque chaque matin à l'ouverture de nos écrans. La plupart sont gratuites, mais périodiquement les Microsoft de ce monde décident que leur système d'exploitation actuel est périmé et mettent en vente une nouvelle version forcément plus performante. On peut continuer à utiliser la précédente, mais avec un sentiment de plus en plus gênant d'avoir été lâché dans la côte par le peloton.

Comme ces mises à jour nécessitent une capacité de mémoire chaque fois plus grande de notre ordinateur, arrive le jour où elles nous poussent à acheter le dernier modèle plus puissant. L'ensemble de l'industrie de l'informatique est une horloge de précision en matière d'obsolescence programmée.

Personne ne reprise ses chaussettes

Mais le cœur de cette soumission à l'éphémère est bien en nous-mêmes, dans nos habitudes et nos réflexes. Je me souviens de l'éclat de rire de ma femme, le jour où, ayant constaté un trou au talon de ma chaussette, j'ai suggéré qu'elle soit raccommodée : « Personne ne saurait plus faire ça, il vaut mieux la jeter. » J'ai gardé l'autre chaussette, me disant que la prochaine fois qu'une autre serait trouée, j'aurais ainsi mis de côté de quoi constituer une nouvelle paire. Enfant, dans une période de restrictions imposées par la guerre et l'Occupation, je pensais que tout pouvait être réparé. Lorsque, dans les années 50, nous avons appris que les Américains jetaient plutôt que de réparer, nous les avons traités de gaspilleurs. Puis nous avons fini par faire exactement comme eux. Dès les années 60, pendant les Trente Glorieuses, on trouvait normal de remplacer sa voiture tous les deux ou trois ans, sans guère de rapport avec le degré d'usure du véhicule.

Le meilleur laboratoire quant à la vraie longévité des automobiles peut s'observer à Cuba. L'embargo sur les importations et la faiblesse du niveau de vie y ont forcé les automobilistes à rafistoler inlassablement leurs « belles américaines », dont certaines roulent depuis cinquante ans. Preuve que les voitures de cette époque étaient encore conçues pour durer le plus longtemps possible.

Le plus obsolescent, par dessein, de nos produits actuels semble être le téléphone portable, fabriqué pour un usage optimum de deux ans. Et si les composants et le boîtier résistent plus longtemps, c'est le software qui sera opportunément « amélioré » par le fabricant pour que celui que j'utilise me semble soudain lent et étriqué. On estime qu'aux seuls États-Unis, plusieurs centaines de millions de téléphones portables, d'ordinateurs et de téléviseurs analogiques sont considérés hors d'usage, posant un problème considérable de recyclage. Aurait-on pu prolonger leur durée de vie ? Très probablement, mais qui, en dehors des écologistes, en aurait eu envie ?

La publicité, bouc émissaire et fou du roi

Au cours d'une journée, nous sommes, paraît-il, soumis à 1 500 messages publicitaires (2 000 aux États-Unis). À l'évidence, tous ne nous influencent pas ; nous avons même développé des réflexes, conscients ou non, pour nous en prémunir. Ce déferlement publicitaire contemporain découle de l'espoir de chaque campagne de se faire remarquer, en accroissant la fréquence, la taille des messages, le nombre de médias utilisés, et bien sûr la qualité de la création. Soumis à ce flot, chacun d'entre nous ressent la publicité comme la prise de parole la plus manifeste de la société de consommation. Elle va du message le plus immédiat et pratique (pages de pub dans la presse quotidienne régionale pour annoncer une promotion de rosbif à l'hypermarché de la ville) au plus distant et institutionnel (campagne d'imprégnation d'une marque, sans citer aucun de ses produits). Dans le premier cas, on espère déclencher l'achat dans la journée, dans l'autre, on prépare le choix réflexe de l'acheteur pour le jour où il sera confronté à un hyperchoix entre des produits de prix plus élevés. Mais l'essentiel des dépenses publicitaires est orienté vers un résultat à court terme : l'achat du produit avant la fin de la période de promotion.

Rémi Babinet, un des fondateurs d'Euro RSCG, une des grandes agences de pub européennes, situe ainsi son rôle : « Quand on passe de l'entre-deux-guerres, où l'on achetait toujours la même chose, où ce qui était nouveau était exceptionnel, à l'après-guerre, la fête de la consommation, les années 60, la rotation des produits, on rentre dans le culte de la nouveauté, sans presque s'en apercevoir. Nous voici dans un monde où la vitesse de renouvellement devient le nerf de la guerre économique. » Comme la publicité en est la fusée porteuse, son propre renouvellement est également crucial. Elle est devenue une industrie, dont le poids avoisine 1 % du PIB, mais le changement est au cœur de son fonctionnement. En période de crise, par exemple, les médias rapides sont privilégiés : la radio ou la télévision, au détriment de la presse ou de l'affichage. Mais ces périodes de doute économique impactent aussi le principe même des campagnes de publicité. Selon la formule répétée à l'envi : « Je sais que la moitié de mes efforts de pub ne servent à rien, mais comment savoir laquelle ? » Rien de plus volatil et court-termiste que ce métier qui doit se remettre en cause à chaque lancement, chaque nouvelle création, chaque doute d'un annonceur, lassé de ce que lui propose son agence. Et surtout, à chaque apparition d'un nouveau média.

Le changement en publicité oscille en permanence entre création, technologie et engouement. Elle fait à la fois fonction d'accélérateur et d'amplificateur des tendances, et se nourrit du nouveau et de l'inédit. Elle a élevé l'éphémère au rang d'un art et règne en maître sur le présent. Selon le titre même de l'émission phare de Christian Blachas deux décennies durant, *Culture pub*, elle ne s'en est pas tenue à nous vendre marques, concepts, services et produits. La pub a façonné nos mentalités et même nos réflexes.

Aucune activité commerciale ne suscite autant de réactions subjectives et passionnelles que la publicité. Les consommateurs auxquels elle s'adresse sont à la fois irrités et séduits par elle. Elle énerve, mais souvent fait rire. Elle a introduit l'humour dans des sociétés qui n'en pouvaient plus de conventions et de sérieux. Elle casse en permanence les codes et remet en cause les leaderships. Elle est au service de la société marchande et, comme telle, est l'objet d'accusations rituelles. Mais elle n'en est pas l'esclave, car sans la liberté de son talent créatif, elle ne serait que de la propagande. Elle assumera toujours, dans la société de consommation, le double rôle de bouc émissaire et de fou du roi.

Payez toujours plus tard !

Rien de plus court-termiste, de plus accélérateur de consommation que l'énorme et complexe mécanisme du crédit dans nos sociétés. Une fois que l'invention et la technologie ont mis au point un produit utile et attirant, une fois que la publicité en a créé le désir chez l'acheteur potentiel, encore faut-il que ce dernier en ait les moyens. « Achetez maintenant, payez plus tard » est, depuis toujours, le slogan le plus séduisant. N'était-il pas celui du serpent présentant la pomme à Ève, ou de Méphisto pactisant avec Faust ? L'idée n'est pas nouvelle, mais la sophistication de ses méthodes est illimitée. On a vu que l'une de ses dernières inventions, les subprimes, a précipité la planète dans une de ses crises les plus sévères. En suivant le raisonnement des économistes, comme Daniel Cohen, le présent, l'ici et maintenant ont à nos yeux un prix disproportionné par rapport à *mañana.* Le crédit permet d'obtenir le rêve maintenant en renvoyant le réel à plus tard. L'exact contraire de la morale chrétienne qui ne nous promet le paradis que pour l'au-delà. L'Église ne condamnait-elle pas le prêt à intérêt ? Mais l'envie de consommation ou de possession immédiate vaut bien en intensité celle du sexe.

Le crédit a formidablement rempli sa fonction de multiplication de la capacité d'achat de chacun, tout en nous enfonçant sous d'épaisses couches d'échéances et de mensualités. États comme particuliers ont plongé ensemble et la récente crise a obéré de plusieurs degrés supplémentaires l'avenir. À l'évidence, le crédit remplit une fonction nécessaire, mais les limites de la prudence, de la raison sont facilement franchies. D'autant que la finance, qui vit des intérêts sur les prêts qu'elle accorde, a relâché la rigueur avec laquelle elle est censée vérifier que l'emprunteur a les moyens de rembourser. L'affaire des subprimes a révélé, par exemple, que l'on pouvait obtenir du crédit immobilier par une simple déclaration que l'on gagnait assez pour rembourser. Les organismes spécialisés, raisonnant seulement en statistiques historiques des défauts de remboursement, ne se donnaient pas la peine de vérifier la solvabilité, emprunteur par emprunteur.

Un commercial de la firme New Century avait même mis au point un programme informatique accordant des prêts automatiquement. Ce système, nommé Fast Qual, distribuait, en 2005, au plus haut du boom, jusqu'à 3 milliards de dollars de crédits par jour sans intervention humaine. Les Américains disent souvent : *« If it can go wrong, it will »* (S'il y a une possibilité que ça tourne mal, ça arrivera). La machine du crédit, de plus en plus inventive et compliquée, avait accru d'autant ses fragilités. Contraignante, elle enferme avec elle tout emprunteur dans un court terme permanent. Il ne peut plus avoir accès au long terme, puisqu'il l'a déjà hypothéqué.

Internet pousse au crime !

De même qu'Internet met à notre disposition, gratuitement et à domicile, toute la connaissance du monde, il est devenu l'accélérateur de l'accélération en matière de consommation. Presque tous les ressorts du commerce sont rendus plus faciles et plus rapides sur le web. L'offre y est illimitée, la recherche instantanée et les comparateurs de prix permettent des choix informés. Les prix peuvent y être ajustés à tout moment en fonction de l'intérêt marqué par le consommateur, offrant ainsi aux vendeurs une souplesse d'adaptation infinie. La publicité y est plus étroitement mêlée à l'information, dans chaque résultat des moteurs de recherche. Une confusion possible pour le client, mais une intensification évidente de l'accès aux produits. La notion de solde, telle que nous l'avons connue, est pulvérisée par les propositions flash incessantes. Les sites sur le modèle de « Ventes privées » en France ou de « Gilt » aux États-Unis organisent des mises en vente, limitées sciemment à quelques milliers d'unités, d'un produit à une heure annoncée d'avance. Souvent, ils sont vendus en quelques minutes. Ce qui ajoute l'excitation de l'enchère à l'achat d'un vêtement de la marque convoitée.

Robert Rochefort lui-même s'étonne de cette démultiplication : « Internet accélère la concurrence, la profusion des références, un rapport différent à la consommation. On disait il y a quelques années que jamais on n'achèterait des vêtements sur Internet, ce qui était une stupidité puisque ça faisait des décennies qu'on le faisait sur catalogue papier. Aujourd'hui, beaucoup de marques vendent via le système en ligne de vente privée, en particulier dans le domaine de la lingerie. Ce qui donne un tout autre dynamisme commercial. Un autre élément dans l'accélération du temps, c'est la question du délai entre le moment où on prépare un achat et le moment où on le fait vraiment. La tendance forte est au "dernier moment" : je n'achète pas plus, mais je me détermine à la dernière minute. L'un des secteurs où c'est le plus marqué est celui des vacances et des loisirs : il n'y a pas qu'un paramètre prix, il y a aussi celui de la météo : je ne vais pas m'acheter un séjour dans un endroit où il pleut. Une transformation spectaculaire des habitudes. »

Internet et le téléphone portable sont les technologies qui permettent et justifient le court-termisme. Pourquoi noter un numéro de code, puisqu'on peut appeler ceux chez qui l'on dîne, juste devant leur porte ? Pourquoi organiser d'avance un voyage, si l'on peut avoir le meilleur prix et la meilleure météo la veille du départ ? Vivons dans l'instant, nous en avons les instruments ! Les profondes transformations qui en résulteront pour la consommation n'en sont qu'à leur début : nouvelles habitudes de shopping le soir dans son salon ; plus besoin de se déplacer, puisque le choix est plus vaste chez soi sur son écran ; optimisation permanente du prix payé, au point que la notion de solde perd tout son sens.

Mais surtout, la révolution la plus décisive est la personnalisation à la fois de la publicité et de l'offre, puisque l'historique de tous nos achats est connu et analysé. Les promotions et nouveautés viennent vers nous en fonction de nos goûts et besoins déjà enregistrés. Internet, dans tous les domaines, tisse un environnement sur mesure, qui peut constamment s'affiner et s'ajuster. En nous proposant, bien sûr, la formule de crédit la mieux profilée. Il y aura encore, occasionnellement, des ruées nocturnes vers des produits fétiches en lancement, mais de moins en moins. On peut désormais les réserver d'avance, pour être parmi les premiers à les recevoir à domicile. Ce qui réintroduit subrepticement une pincée de prévision à moyen terme dans notre consommation. Enfin, au moins à trois ou quatre jours.

À ces éléments d'emballement supplémentaire de la machine à consommer, on peut, heureusement, apporter un bémol. Car la crise mondiale, née en 2007, mais qui affectera encore longtemps nos modes de vie, nous amène à regarder différemment notre rapport aux objets. Une étude menée par l'agence française BETC en 2009 dans toute l'Europe en atteste. Selon elle, 60 % des Français se posent désormais une question simple au moment d'acheter : « En ai-je vraiment besoin ? » Et parallèlement, ils se méfient davantage de l'innovation qui n'est pas forcément indispensable. Simple retour au bon sens, pense-t-on, mais certains producteurs ont déjà compris la leçon. Comme la firme automobile PSA, qui offre un nouveau service nommé « Mu ». Au lieu d'acheter une voiture, on souscrit un abonnement qui nous permet d'utiliser, au gré de nos besoins, tantôt une berline, tantôt un scooter, tantôt une camionnette ou même un vélo. La valeur d'usage commence à supplanter celle de possession. Déjà, plus de la moitié des automobiles neuves sont achetées non pas par des particuliers mais par des loueurs de voitures ou des entreprises. Dans un tel cas, louer une voiture à court terme, plutôt que d'en posséder une que l'on utilise trop peu, est un acte d'intelligence à long terme.

Depuis 10mn, aucun coup de téléphone ...
Pas de nouveau mail ...
et zéro Sms !
Et si j'étais mort ?

6
Les rythmes de vie
Une profonde révolution culturelle

« Aujourd'hui, la plupart d'entre nous ont mal à leur temps et ne savent pas que ça se soigne », avais-je écrit, il y a une vingtaine d'années, dans *L'Art du temps*. Je me rends compte qu'alors, la situation était encore facile à décrire. La société moderne nous confrontait à des tâches et opportunités en nombre croissant, et nous tentions, non sans mal, d'y faire face. Résultat : montée du stress par encombrement du temps. En l'an 2000, dix ans déjà, je décrivais dans *Le Nouvel Art du temps* une situation devenue plus complexe : « Il y aura des puces partout, dans tous nos objets courants, et l'acte de se connecter à Internet sera aussi fréquent que l'usage du Kleenex. On constate déjà des tendances fortes : urgence et tensions accrues ; immédiateté et improvisation ; ubiquité et nomadisme ; addiction à l'écran. » Rien qui puisse aujourd'hui nous étonner, car nous y sommes, en vrai et au quotidien. Il nous reste à en mesurer les conséquences.

Ces transformations, d'origine technologique, sont en train de réaliser une véritable révolution culturelle, non seulement dans nos modes de vie, mais dans nos réflexes mentaux, notre rapport à la connaissance et à l'action. Peut-être, à terme, dans notre conception de la liberté et de l'autonomie des individus que nous sommes. Les mots clés de cette nouvelle culture sont l'urgence, les rythmes accélérés, la fragmentation du rapport au temps et la péremption rapide des éléments dont se nourrit notre vie personnelle. Tout conspire à nous reprogrammer en soldats zélés, voire heureux, du court-termisme.

L'urgence comme modalité dominante

« Une situation est urgente parce que jugée urgente, elle appelle une réponse urgente » (Michel Chodkiewicz). Un des médecins dont j'appréciais les diagnostics m'avait un jour affirmé : « Il n'y a pas d'urgence médicale. En tout cas, elles sont beaucoup plus rares qu'on essaie de nous le faire croire. » Ce dont attestent tous les services hospitaliers où affluent des patients venus soigner des bobos, souvent vieux de plusieurs jours. Mais, répondent ces derniers, s'ils viennent aux urgences, c'est que, dans un autre service, on leur donnerait rendez-vous pour dans un mois. À l'hôpital comme ailleurs, on finit par penser que décréter l'urgence est le seul moyen de lutter contre l'enlisement dû à l'abondance des cas à traiter. On l'a constaté plus haut, en politique comme en finance : ce qui n'est pas urgent risque l'oubli.

Dans toutes les méthodes de gestion du temps, un des premiers exercices suggérés consiste à trier l'urgent de l'important, dans le but de conserver la priorité à l'important. Mais si nous demandons un service à quelqu'un, ou si nous lui confions une tâche, quelle injonction aura-t-elle le plus de chance d'être suivie d'effet ? « C'est important » ou « C'est urgent » ? Un des traits de la révolution culturelle en marche est la confusion croissante des deux notions. Dans une époque de pléthore, la fonction clé est l'ordre des priorités, puisque l'on sait que l'on ne peut jamais tout mener à bien. Dans cet exercice, quelles chances donnerait-on à un projet catégorisé comme « important et non urgent » ? Si c'est important, ce doit être urgent. C'est ainsi que dans nos vies comme dans nos interactions sociales, l'urgence est devenue le mode de traitement privilégié ; « par défaut », comme disent les informaticiens.

La sociologue Nicole Aubert fait une analyse fine des raisons de cette « ascension irrésistible du règne de l'urgence ». La part dominante de la régulation par les marchés financiers en fait évidemment partie, de même que « la logique de l'instantanéité qui a fait basculer la compétition du champ de l'espace à celui du temps ». Ce qui fait partie de « l'éclosion d'un court-termisme idéologique », qui aboutit à ce que l'urgence comme modalité de traitement prenne le pas sur le but de l'action entreprise. Chacun d'entre nous n'a-t-il pas ressenti, à quelque moment, la griserie d'un résultat obtenu dans une contrainte de temps, subie ou voulue ? Tout record ou exploit sportif se vit dans une forme d'urgence. Et cette dernière, grâce à sa production garantie d'adrénaline, nous offre une des jouissances de l'individu moderne : la preuve de notre savoir-faire dopé par la vitesse d'exécution. Bravo l'artiste !

Le succès des jeux vidéo s'explique en grande partie par leur capacité à nous « auto-attribuer » un brevet de champion, de le concrétiser par un score en même temps qu'un flash de satisfaction qui ne doit rien à personne.

Dans cette époque où la vitesse et l'accélération sont devenues le tempo du monde, l'urgence en découle naturellement. Elle façonne aussi nos comportements intimes, nos désirs. Ces derniers redeviennent souvent enfantins, comme lorsque nous voulions tout de suite l'objet convoité, et qu'une réponse telle que « Attends Noël ! » était ressentie comme un quasi-refus. Une des conquêtes, pour chacun, de la maturité est la satisfaction différée : savoir attendre pour obtenir ou ressentir mieux plus tard. Nous avons vu que la logique du système économique fondée sur la consommation consistait à fabriquer de nouveaux désirs et à nous proposer les moyens de les assouvir dans l'instant. Aussi nous fait-elle retomber en enfance, à un stade de notre évolution personnelle où nous avions du mal à nous projeter dans l'avenir.

Nous sommes souvent nostalgiques de cet âge de l'insouciance, où nous pouvions nous délecter du présent sous la protection de nos parents. Rien de tel qu'une bonne urgence pour nous replonger dans le présent. D'abord y faire face et jouir du plaisir d'y être parvenu. Il sera toujours temps de se préoccuper de la suite. En ce sens, le court-termisme nous rajeunit en nous rivant au maintenant.

Le trait de caractère qui en résulte et connaît un bel essor est l'impatience. Attendre, la dure condition séculaire des humbles, devient difficile à supporter. En Asie émergente, speedée, le bouton le plus usé dans l'ascenseur est celui de la fermeture des portes. Gagner une demi-seconde n'est pas à négliger. Nous l'observons dans notre propre rapport aux ordinateurs et téléphones mobiles. Une connexion qui n'est pas instantanée est immédiatement perçue comme défectueuse. Nous rêvons de la prochaine version de notre machine, qui pourrait nous faire gagner quelques secondes dans les opérations que nous attendons d'elle.

Cette impatience est encore plus forte chez les plus jeunes, ceux qui, selon le titre d'un livre de Don Tapscott, *Grown Up Digital : How the Net Generation is Changing the World*, ont grandi avec le numérique : « La génération de l'Internet considère la vitesse comme allant de soi – et pas seulement dans les jeux vidéo. Elle est habituée à recevoir des réponses immédiates, vingt-quatre heures sur vingt-quatre, sept jours sur sept. Les jeux vidéo répondent immédiatement à ses actions ; Google répond aux requêtes en quelques nanosecondes. Elle suppose donc que tout, dans le monde, réagit aussi prestement. Si un membre d'un groupe de discussion ne répond pas instantanément, l'inquiétude et la colère grondent. Les autres membres craignent que ce silence ne soit synonyme d'un commentaire négatif sur leur statut ou d'une offense personnelle. »

Derrière la culture de l'urgence se profile déjà celle de l'immédiateté. Internet nous a donné le goût de la vitesse ultime, celle de la lumière. Le nouvel idéal n'est-il pas d'être en permanence à un seul clic de nos recherches, de nos curiosités, de nos envies, de nos correspondants ? Le fantasme dominant est que tout se passe en direct, en temps réel, que tout s'inscrive dans ce présent qui nous englobe entièrement. Grâce à nos écrans, c'est déjà à notre portée et peut suffire à occuper l'essentiel de notre temps. Mais comme il faut bien se nourrir, se déplacer, bref affronter l'insoutenable pesanteur du réel, nous nous consolons du fait que toutes ces lourdeurs peuvent au moins se programmer, se commander par Internet et que c'est toujours un peu de temps gagné.

Sur un rythme syncopé

Dans le monde de l'action, celui de nos sociétés productives, produits et sollicitations abondent. Or le temps disponible reste forcément immuable : vingt-quatre heures par jour. Le temps devient donc et restera toujours la denrée la plus rare, et tous nos efforts, astuces et technologies ne visent qu'à y faire tenir un nombre croissant d'actes, produits ou jouissances. Il ne s'agit donc pas seulement d'apprendre à faire plus vite, mais plus court. Cette brièveté obligée a changé nos rythmes et nos façons de faire, pour tout reformater, compacter, raccourcir.

D'où le fast, le speed, le one minute. Dans un restaurant japonais, cité par James Gleick dans son ouvrage *Faster*, on paie à la durée de présence à table. Mais pendant ces minutes, on peut manger, vite bien sûr, tout ce que l'on peut absorber. À recommander pour les amoureux rencontrés par *speed dating*. Et, dans le même registre, on a établi la moyenne mondiale de l'accouplement humain : 4,2 minutes. Non ! douche non comprise.

Restant dans le registre culturel, rien de plus démonstratif que l'évolution des tempos dans le mode d'expression dominant de l'époque, le film, du long-métrage au spot publicitaire. Le plus frappant, lorsqu'on visionne un film d'il y a trente ou cinquante ans, est la longueur des scènes. Le héros descend de sa voiture, monte l'escalier, introduit la clé dans la serrure, la fait tourner, puis enfin entre chez lui. Même si le tout n'a duré qu'une minute, ça nous paraît maintenant interminable, presque ridicule. Lorsque le temps est cher, la créativité est stimulée. C'est évident pour les spots de publicité dont les trente secondes coûtent une fortune. Aussi les agences enrôlent-elles les meilleurs créatifs pour que le scénario, les effets visuels, la qualité des artistes soient compactés au top. Cette concentration nous a habitués à capter vite tout message… et à nous ennuyer devant le moindre délai. Bien des jeunes gens d'aujourd'hui trouvent difficile de regarder un film en salle, parce qu'ils ne peuvent activer la touche d'accélération.

Dans un long-métrage hollywoodien, les séquences sont de plus en plus brèves, de plus en plus syncopées, car il n'y a plus besoin de nous expliquer minutieusement le déroulement. Il nous suffit de quelques repères ou allusions pour que nous surfions sur l'intrigue. Nous avons appris à piger plus vite en toute matière. Et à nous exprimer, de même, de plus en plus brièvement. Au Forum de Davos où se rassemblent les dirigeants du monde, la règle est implacable pour chaque orateur, penseur ou chef d'État : au bout de son temps de parole assigné, quelques minutes, un flash rouge visible par toute la salle se met à clignoter. Il est temps de conclure. Imaginons l'effet qu'un tel dispositif aurait produit sur Cicéron ou Bossuet.

Là encore, la technologie détermine nos comportements. Comme nous échangeons de plus en plus de messages sous la forme de SMS, le petit clavier que nous utilisons nous force à les taper lettre par lettre. Ce détail pratique coupe court aux digressions et effets de style. L'essentiel, rien que l'essentiel ! Déjà, l'abondance des mails auxquels il faut répondre nous empêche de nous étendre, mais le comble est évidemment atteint par Twitter où tout doit être dit en 140 signes. On peut se conforter en se disant que les phrases clés de la vie : je t'aime, j'ai faim, j'ai mal, encore !, passe-moi le sel, où sont les toilettes ? sont encore plus ramassées. Tout le reste est littérature.

Un mode de vie morcelé

Faire plus vite, s'en tenir à l'essentiel sont des recettes d'une meilleure efficacité, de la vraie productivité. En tous domaines, notre société semble avoir adopté une mentalité managériale : priorité aux résultats mesurables, on s'occupera du reste s'il nous reste du temps. Conséquence non désirée, mais quasi mécanique : la fragmentation de nos journées et de nos heures. Le taylorisme du travail simplifié et répétitif est mort, et c'est tant mieux. Le progrès des capacités individuelles de chacun, croisé avec la souplesse d'ordinateurs omniprésents, nous engage, à chaque instant, dans une diversité de tâches ou sollicitations qui ne cesse de croître. La plupart d'entre nous fonctionnent par mini-activités qui se succèdent, s'entrecroisent et se chevauchent. À part d'occasionnelles et bien trop longues réunions, l'unité de tâche courante est constituée d'appels téléphoniques, de rédaction de mails, de lecture de courts textes, ou de brefs échanges de couloir. Un cadre en activité est couramment interrompu soixante-dix à quatre-vingts fois par jour et ne s'en rend même pas compte. Rares sont les plages de tranquillité et de silence, nécessaires à la réflexion. Nous traitons donc ce qui peut l'être en une poignée de minutes, remettant le reste à un moment plus favorable, qui n'a que peu de chance d'arriver. Et si, souvent, à la fin d'une journée de travail, nous avons du mal à nous remémorer ce que nous y avons accompli, c'est hélas parce que peu de tâches étaient suffisamment significatives pour que nous en gardions une trace. Une attention constamment fractionnée ne peut guère traiter autre chose que des questions à courte portée.

La généralisation, depuis le début de ce siècle, de l'usage des instruments numériques n'a fait qu'intensifier ces tendances. La nature même de ces appareils nous y pousse mécaniquement. Depuis que notre téléphone est devenu une prothèse, le nombre d'appels que nous passons ou recevons s'est multiplié plusieurs fois. L'acte est banalisé et amorti par les répondeurs qui servent de soupapes de communication. Les numéros préenregistrés nous dispensent de les composer. Le nombre de mes contacts potentiels s'est étendu géométriquement puisque la quasi-totalité de la population est équipée. La rédaction de textos, activité inconnue jusqu'à nos jours, prend désormais sa part de notre temps sous couvert de sa flexibilité d'utilisation.

Ce qui est encore plus vrai pour Internet, dont le mode de fonctionnement est celui d'une errance, où chaque item recherché mène à un ou plusieurs autres. À moins d'une discipline salutaire, se lancer sur le web est un voyage dont on ne connaît d'avance ni les méandres ni la durée. Là encore, cet enrichissement de la connaissance, cet accès grisant à toute forme d'information se paie en moments encore plus fractionnés et en minutes irrémédiablement englouties.

Ces pratiques dispersantes se sont aggravées avec la dernière tendance au *multitasking* qui résulte de l'utilisation simultanée de plusieurs de ces médias. Nos ordinateurs, lampes d'Aladin, nous offrent le texte, l'image, le son, l'échange sous toutes ses formes avec qui nous choisissons. S'y ajoutent les performances de nos téléphones portables, devenus ordinateurs de complément. Que nous le voulions ou non, ces usages se chevauchent à tel ou tel moment de nos journées, accentuant la fragmentation de nos instants et le zapping de nos neurones.

Le syndrome de la péremption

« La durée de présence de mes livres sur les étagères des libraires se situe entre le yoghourt et le lait pasteurisé », soupirait récemment un auteur désabusé. Et le sociologue François de Singly observe, avec le sourire, que ses étudiants trouvent que des références citées dans un de ses ouvrages sentent le moisi au-delà de deux à trois ans. Même la vie intellectuelle semble se plier aux rythmes commerciaux des grandes surfaces. Nous l'avons déjà noté à propos de la consommation, mais cette mise en question de la durabilité des composantes de nos vies contribue à désorienter les contemporains que nous sommes.

Se réclamer d'une tradition ancienne était, naguère, considéré comme un gage de qualité, de fiabilité. « Fournisseur de Sa Majesté depuis 1880 », lisait-on sur des étiquettes britanniques si charmantes. « Fondé en 1920 » bétonnait la réputation d'un magasin. Depuis que l'interpellation quotidienne et naturelle est devenue *What's new Pussycat ?*, nous avons sectionné encore plus des liens qui nous ancraient dans des traditions ou pratiques d'enfance. Le culte de la nouveauté, composante promotionnelle nécessaire, raccourcit encore plus la profondeur de notre passé. En même temps, nos racines psychologiques personnelles, dont nous avons besoin pour notre stabilité intérieure, se sont faites un peu plus ténues, un peu plus incertaines.

Que la nouveauté fasse marcher le commerce, qu'une époque polarisée sur le progrès technologique cherche à le pousser toujours plus loin n'a rien d'étonnant ou de négatif. Mais ces tendances ont débouché sur une culture de la mise à jour, du rénové, du remasterisé, nouvelles formes d'une obsolescence annoncée. Nos désirs auraient-ils besoin d'être de plus en plus fréquemment ravivés par quelque innovation ou simple effet de vitrine ? Cet état de fait s'ajoute à la somme des morcellements auxquels nous devons faire face dans nos vies quotidiennes et nous distancie encore un peu plus du stable et du long terme. Il nous faut être de plus en plus solides sur nos jambes pour garder notre cohérence au milieu de ces flux d'instants éphémères, fractionnés, compressés et entrecroisés.

Nos neurones « démusclés »

Ces transformations profondes de nos modes d'action et rythmes de travail sont en train de modifier nos comportements, au risque d'atrophier certaines de nos facultés. Le XXe siècle nous avait soulagés de l'essentiel des efforts physiques inhérents à la condition humaine, depuis l'*homo sapiens*. Ascenseurs, transports motorisés, machines à couper, soulever, terrasser, façonner, communiquer ont chacun contribué à mettre nos muscles au repos. Et comme la nourriture devenait en même temps plus accessible et abondante, nos corps se sont modifiés : plus mous, plus gras. Il n'est que d'observer les touristes occidentaux au milieu des habitants de pays en développement pour mesurer que le progrès technologique n'est pas toujours facteur d'améliorations esthétiques !

Le XXIe siècle n'est-il pas en voie, de la même manière, de nous « démuscler » le cerveau ? Les moyens désormais à la disposition de chacun rendent moins nécessaire l'effort cérébral : orthographe suppléée par les correcteurs automatiques ; arithmétique oubliée, depuis l'existence des calculettes ; mémoire moins sollicitée, puisque tout se stocke dans les machines et se retrouve par moteur de recherche. Quelle culture peut s'imposer, quand presque toute la connaissance de l'espèce est accessible de Boulogne à Bogota, sur des écrans à moins de 1 000 euros ? Ce qui tend à simplifier à l'extrême l'équipement intellectuel nécessaire pour opérer dans le monde actuel : pratique du clavier (en attendant que tout passe en commande vocale) et, bien sûr, de l'anglais. Ce n'est pas par provocation que j'écris cela, mais parce que la question se pose avec acuité dans l'esprit des jeunes, à qui l'on continue de vouloir inculquer les mêmes connaissances qu'il y a cinquante ans. Leur interrogation est légitime : pourquoi celles-ci plutôt que d'autres ? Vont-elles vraiment leur servir dans la vie ? Ce système d'enseignement, déphasé par des progrès technologiques galopants, vaut-il le temps et les efforts réclamés ? Et, plus fondamentalement, que faut-il apprendre, sinon apprendre à chercher, à comparer, à formuler des questions ? Ne suffit-il pas de savoir zapper, surfer, se connecter sur les réseaux appropriés ?

Si ce « nuage intelligent » nous est désormais accessible de partout, sachons l'explorer pour l'exploiter à notre profit. Comme il est en voie d'avaler toutes les bibliothèques du monde, c'est à son usage quotidien que l'on peut découvrir tout ce qu'il recèle. Patrimoine que nous partageons désormais avec nos contemporains dans le monde entier.

Mais serons-nous encore capables de le faire si nos neurones ne sont plus entraînés à l'effort ? On se souvient de l'anecdote, forcément apocryphe, d'un Einstein à qui l'on demandait son numéro de téléphone et qui le cherche dans l'annuaire. On s'étonne et il répond : « Pourquoi m'obliger à me souvenir de quelque chose que je peux trouver dans un livre sur mon bureau ? » C'était avant Internet, mais s'applique exactement au problème actuel. Oui, pourquoi le faire ? Sans doute seulement pour conserver un peu de mémoire.

Peut-être que l'individu du XXIe siècle pourra apprendre à se servir différemment de son cerveau, en évitant de le surcharger de tout ce qui est facilement accessible. Peut-être sommes-nous en train de passer, dans notre vie intellectuelle, du patient jardinage inculqué à l'école, à l'économie de cueillette, au jardin d'Éden où tout nous est offert et où il importe seulement de savoir repérer le vrai, l'utile et le non-toxique. Les qualités requises deviennent la disponibilité, la réactivité, la spontanéité, l'intuition, qui relèvent plus de dispositions individuelles et de l'accumulation d'expériences de vie que d'un apprentissage formel.

Mais si, désormais, tout se stocke, tout peut aussi s'oublier, puisqu'on peut le retrouver. Tout se vit ainsi au présent.

Notre attention change de nature

Selon la journaliste et sociologue Maggie Jackson, auteur du livre *Distracted : The Erosion of Attention and the Coming Dark Age*, l'attention est constituée de trois dimensions : « La capacité à se concentrer sur une tâche ou une pensée, la capacité à repérer les changements dans son environnement, et la capacité à adapter son attitude en réaction à ces changements. »

Il n'y a pas besoin d'études comparatives approfondies pour constater que mener à bien plusieurs tâches à la fois aboutit à plus de superficialité.

Si nous voulons faire avancer un travail qui requiert de l'attention, notre première requête est de n'être pas interrompu. Au bureau, à moins d'être seul et de couper le téléphone, il ne faut guère y compter. Notre capacité de concentration s'est atrophiée dans la société numérique, et la retrouver, lorsque c'est absolument nécessaire, demande un véritable effort, que tous ne peuvent pas davantage faire qu'ils ne peuvent courir un kilomètre sans entraînement.

En revanche, la capacité à repérer les changements et à adapter son attitude en fonction s'est développée chez les jeunes adeptes de jeux vidéo. Il faut aller vite et réagir à tout ce qui traverse l'écran. Un véritable entraînement de l'attention adaptative, celle même qui permet à tout animal sauvage d'échapper à un éventuel prédateur. Ainsi, la culture numérique nous éloigne de l'approfondissement de la réflexion acquise après des siècles d'études, tout en nous rapprochant des réflexes de l'homme primitif au milieu d'une nature hostile.

De même que le développement des plats cuisinés, surgelés ou fast-food a fait oublier la pratique de la cuisine (qui revient aujourd'hui en tant qu'art ou divertissement), l'abondance des messages, leur brièveté ont développé chez nous tous une paresse mentale, couplée avec un relâchement de l'exigence. La rapidité et l'abondance de l'information sont telles que nous n'avons plus la patience de la soumettre à un doute méthodique, faute de recul.

On voudrait voir en l'homme moderne un citoyen indépendant, doté d'esprit critique, capable de s'orienter sur les autoroutes de l'information et d'utiliser les immenses ressources d'Internet comme un moyen d'épanouissement personnel. Les nouvelles technologies devraient nous permettre d'accroître notre capacité d'attention, c'est-à-dire notre faculté à comprendre notre environnement et à nous adapter à ses évolutions. Mais selon Maggie Jackson, la réalité est tout autre : « [...] la grande majorité des internautes n'a envers les outils de recherche sur Internet qu'un rapport de consommateur d'informations prédigérées et déjà interprétées. Les étudiants, notamment, sont de plus en plus nombreux à se tourner vers la toile comme seule source d'information. Or les informations disponibles sur le web sont pour la plupart loin d'être fiables. L'ordre des résultats des recherches sur le site Google est ainsi partiellement déterminé par les sommes versées à la compagnie par les producteurs des sites référencés, et non par la qualité intrinsèque de ces sites. De même, les erreurs sont nombreuses dans l'encyclopédie coopérative en ligne Wikipédia : le site inclut certes un système de correction participative des articles, mais qui donne plus de poids aux rédacteurs pugnaces qu'aux rédacteurs les mieux informés [...]. Enfin, la surabondance d'informations sur le web conduit à un phénomène de saturation, qui rend difficile leur analyse rigoureuse. »

Le psychologue de l'université de Claremont, Mihaly Csikszentmihalyi, confirme : « L'abondance d'informations ne nous incite pas à chercher des réflexions originales avant d'aller voir sur Internet. »

Un véritable tocsin a été sonné par un écrivain américain, Nicholas Carr, dans un article publié dans la revue *The Atlantic* au mois de juillet 2008. « Is Google making us stupid ? » (« Google nous rend-il bêtes ? ») est vite devenu une référence, car cette fois, il ne s'agissait pas d'observation faite sur des groupes de jeunes, mais de l'introspection d'un intellectuel patenté. Ses aveux méritent d'être connus :

« Ces dernières années, j'ai ressenti l'impression inconfortable que quelque chose était en train de reprogrammer mes circuits neuronaux et ma mémoire. Mon cerveau ne se dilue pas, mais il change. Je ne pense plus comme avant. Je le sens lorsque je dois lire. [...] Ma concentration commence à glisser après quelques pages, je dois faire un effort pour revenir au texte. Toute lecture approfondie est devenue un effort. »

Comme l'avait écrit, dès 1950, le gourou des médias Marshall McLuhan, ces derniers ne sont pas seulement un moyen de s'informer, ils modifient notre processus de pensée. Le web, par son universalité d'usage, représente une sorte d'aboutissement de la société médiatique, mais au prix de notre capacité de concentration et de contemplation. Nicholas Carr : « Quand je parle de ces troubles à mes amis, la plupart littérateurs, beaucoup disent qu'ils ont la même expérience. [L'un d'eux], qui écrit un blog sur les médias, avoue qu'il a pratiquement arrêté de lire des livres. Parce que, explique-t-il, "ma manière de penser a changé". Un professeur de la faculté de médecine du Michigan m'a expliqué que cela résultait de l'habitude de passer d'une information brève à l'autre venant de plusieurs sources : "Je ne peux plus lire *Guerre et Paix*, dit-il, même un blog de plus de trois ou quatre paragraphes m'est devenu trop long." James Olds, professeur de neurosciences à George Mason University, explique combien notre cerveau est souple. Ses cellules nerveuses remplacent constamment d'anciennes connexions par de nouvelles. Il peut se reprogrammer en modifiant ses propres processus. On ne sait pas encore clairement comment Internet modifie notre cerveau, mais il a une influence sur son fonctionnement, on en est sûr désormais. »

On peut comprendre que l'article de Carr ait remué la communauté intellectuelle. Notre processus de pensée lui-même est-il en train de se reprogrammer pour un court-termisme quasi structurel ?

L'occasion de revenir sur une préoccupation identique, mais un peu plus ancienne, puisque Platon, dans son *Phèdre*, l'attribuait à Socrate. Ce dernier s'inquiétait du développement de l'écriture, craignant que les gens ne finissent par confondre les mots écrits avec la vraie connaissance. Il pensait qu'ils allaient cesser d'exercer leur mémoire au risque de la perdre, tout en recevant quantité d'informations non expliquées ou vérifiées. Ils finiraient par se croire instruits alors que, pour l'essentiel, ils seraient toujours ignorants. Ce qui me semble avoir été exprimé de la plus belle manière par le poète anglais T.S. Eliot : « *Where is the wisdom lost in knowledge ? Where is the knowledge lost in information ?* » (Où est la sagesse qui s'est perdue en savoir ? Où est le savoir qui s'est perdu en information ?) La seule citation que je garde, depuis vingt ans, sur mon bureau de travail.

Peut-on se rassurer en songeant que ces inquiétudes ne sont pas nouvelles, ou s'interroger sur les conséquences que l'Internet peut avoir sur notre « démusculation » mentale ? À force de lier notre savoir et notre rapport au monde à ce « nuage intelligent » auquel nous sommes connectés, que se passera-t-il en cas de panne de réseau ? Deviendrons-nous à la fois muets et ignorants ? Si les ordinateurs des entreprises et des gouvernements peuvent être piratés et infectés par des virus, sommes-nous au même titre devenus vulnérables à une malfaisance numérique qui brouille soudain notre rapport au monde et aux autres ?

Aucune réponse n'existe encore, mais il serait temps d'approfondir et de systématiser la recherche sur ces phénomènes et leurs conséquences… à long terme.

Devant ces hyperstimulations de nos facultés mentales, on peut comprendre la démarche des mouvements Slow, nés dans le sillage du Slow Food imaginé au début du siècle par l'Italien Carlo Petrini. Lui-même souhaitait réagir à l'invasion du fast-food dans la Péninsule et a lancé une association de gourmets (40 000 en Italie) revendiquant leur droit à prendre leur temps pour cuisiner et savourer. Depuis, l'idée a gagné bien d'autres domaines : Slow Travel, Slow Fashion, Slow Money (qui veut reconnecter les investisseurs avec le lieu et l'objet de leur investissement), allant même jusqu'à la création, en Norvège, de l'Institut mondial de la lenteur qui étudie pour certaines entreprises les moyens de lancer une Slow Production. Mouvements sympathiques face au tsunami d'Internet. Leur impact reste symbolique, mais salutaire. Qui n'aurait envie, certains jours, d'en devenir militant intermittent ?

Tu crois qu'entre nous ce sera une histoire sans lendemain ?
Mais non voyons !
Demain tu peux bien rester jusqu'au déjeuner

7
Les relations aux autres
Peut-on avoir mille amis et vivre l'amour comme un jeu vidéo ?

Si l'on associe l'idée de court terme aux relations que nous entretenons avec les autres, deux noms viennent immédiatement à l'esprit : Facebook et Meetic. Ne nous offrent-ils pas, à profusion, l'un des amis, l'autre des rencontres amoureuses ? Chacun des deux pouvant, à l'occasion, remplir les deux fonctions. Le maniement et les résultats de ces démultiplicateurs relationnels, quasi instantanés, nous fascinent. S'en tenir là serait pourtant typique d'un réflexe court-termiste, car ni l'un ni l'autre n'existaient il y a dix ans. De profonds changements dans notre univers relationnel avaient commencé bien avant. En même temps que la vitesse s'imposait au monde contemporain, il y a bientôt deux siècles, elle bouleversait en nombre et en nature notre environnement humain.

Dans la société prétechnologique, les rapports aux autres étaient locaux, familiaux, codifiés par les usages, donc contraints et stables jusqu'à l'ennui.

Neuf individus sur dix vivaient dans des villages ou des bourgs, où chacun se connaissait de manière étouffante. Les voyages étaient longs, pénibles, périlleux, réservés à une élite, à des aventureux marins ou des militaires coloniaux. Toutes les générations cohabitaient dans la maison familiale. Les seuls brassages dans l'entourage se faisaient par la sélection des conjoints de ses enfants. Et la gamme de choix n'était pas large. On mourait souvent dans le lit où l'on était né.

L'immense majorité des Européens a continué à vivre ainsi, au moins jusqu'à la Première Guerre mondiale. C'est alors que l'urbanisation, l'industrialisation, l'automobile, le téléphone, les médias, l'éducation, la montée du niveau de vie ont tout fait exploser. On est passé, en quelques décennies, de la stabilité absolue à la dispersion territoriale, l'autonomie des personnes, la mobilité et le voisinage avec ceux qui viennent d'ailleurs : autres provinces, autres pays, autres continents. Nous n'avons pas fini d'en vivre et d'en subir les conséquences.

Plus révolutionnaires encore sont les changements dans les valeurs qui cadraient tous nos rapports : contestation de l'autorité patriarcale et hiérarchique, liberté d'expression, découverte, grâce à la télévision, d'autres manières de vivre, d'aimer, de se construire. Nos rapports aux autres, dominés jusque-là par la proximité et la prévisibilité, se nourrissent désormais de diversité et de découvertes.

Bien avant Internet, nos pays ont ainsi vécu une sorte de diaspora générationnelle, les enfants quittant les parents avant de convoler, les études et les carrières pouvant se dérouler loin du lieu de naissance, grâce à la baisse des tarifs aériens.

À la mobilité physique s'est combinée une liberté des choix relationnels, affranchie des cadres traditionnels et de pas mal de préjugés. La diversité est recherchée pour entrer en relation avec ses semblables, non sans déclencher craintes, réactions, voire intenses débats politiques. La mixité, le métissage sont en train de pétrir notre société au point de la rendre méconnaissable pour ceux qui sont nés avant la Seconde Guerre mondiale. L'ouverture du champ relationnel modifie plus profondément la vie de chacun d'entre nous que les progrès de la santé, du confort ou de la consommation. C'est dans ce paysage déjà bouleversé qu'ont fait irruption les kaléidoscopes à contacts que sont les téléphones portables et le nouvel univers de la toile.

En une poignée d'années, ces deux technologies ont poussé nos relations vers le quantitatif, le ludique, le virtuel, le fantasmatique et, pourtant, vers plus d'éphémère. Elles en changent à la fois la nature et les durées. On peut établir des liens au-delà des frontières et fuseaux horaires, sans même sortir de chez soi. On peut simuler une vie amoureuse ou devenir célèbre, non plus pendant le quart d'heure d'Andy Warhol, mais pendant le flash que permet Twitter. La barrière entre le jeu et la vraie vie est plus floue que jamais. Le potentiel de contacts, de rencontres, d'aventures est devenu illimité. Mais il est si récent que nous n'avons pas encore trouvé son meilleur usage. Les relations durables restent l'idéal de chacun, mais la réalité se vit dans l'instantanéité et l'incertitude.

Couple ou RGV (relation à grande vitesse) ?

La vraie novation qui, avant l'électronique, a précipité la brièveté des couples date de la révolution sexuelle des années 70. Si son symbole reste des corps dénudés s'unissant dans la grande communion de Woodstock, sa réalité pratique est l'entrée en vigueur, en France, de la loi Neuwirth abrogeant l'interdiction de toute contraception, qui datait de 1920. Il a suffi de jeter là-dessus un peu de discours idéologique sympathique, « Faites l'amour, pas la guerre », pour que tout un chacun ose enfin la déconnexion entre l'accouplement et la reproduction.

En quelques années, la honte associée, surtout pour les femmes, à une sexualité hors liens conjugaux est passée à la trappe. La jouissance est devenue légitime et son exploration, pas toujours fructueuse, ne pouvait que multiplier les relations brèves, vécues dans l'instant et un espoir d'intensité. Le prince charmant s'est effacé au bénéfice du « bon coup ». Même si vivre les deux en harmonie reste un idéal, on ne confond plus l'amour et le sexe. Or l'amour suppose du temps, tandis que le sexe s'accommode du court terme.

Pour l'universitaire Pascal Lardellier, qui a particulièrement analysé le phénomène des sites de rencontres, la recherche de l'amour serait même, paradoxalement, devenue aujourd'hui un facteur de précarité. Il y a deux générations, le divorce était porteur d'opprobre social. On n'invitait pas volontiers, dans un dîner, une femme divorcée. On restait donc ensemble, pour les enfants, pour la famille, pour les voisins, au-delà de l'usure des sentiments. Aujourd'hui, où presque la moitié des naissances se font hors mariage, rien ne subsiste de ces conventions. On pense encore qu'il vaut mieux rester ensemble pour les enfants, mais on se sépare quand même. Seul l'amour, le vrai, doit être le ciment du couple. Si l'on doute un instant de son authenticité, à quoi bon faire semblant d'être unis ? Et comme les modèles de couples durables, que constituaient quelquefois les parents, se font bien rares, chaque union doit inventer sa recette de durée, dans le doute et les tâtonnements.

Ces transformations sociales sont en elles-mêmes suffisantes pour que l'on soit passé, selon Pascal Lardellier, « du couple en CDI au couple en CDD ». Il note que les femmes qu'il interroge sont désillusionnées sur le couple en tant que tel, tout en continuant d'aspirer à la « famille Ricoré » (dont les spots de publicité montraient papa, maman et les enfants, rayonnants à l'heure du petit déjeuner). L'institution familiale a été ébranlée sur son piédestal et les lois (divorce par consentement mutuel, ou pacs) l'ont entériné.

C'est dans ce paysage en plein morcellement qu'a déboulé, au début de notre siècle, la technologie révélatrice de tout ce qui minait déjà la durée amoureuse : les sites de rencontres. Marc Simoncini, créateur de Meetic, les décrit prosaïquement : « Meetic, ce n'est pas tellement de la vitesse, c'est de l'efficacité. Si vous voulez déboucher une bouteille, vous avez besoin d'un tire-bouchon. Si vous voulez faire une rencontre, vous allez sur Meetic. » Les résultats sont probants. Aujourd'hui, aux États-Unis, déjà un couple sur huit s'est rencontré sur Internet.

Mais cette « folle accélération de la temporalité relationnelle » décrite par Lardellier n'a pu rencontrer un tel engouement que parce que l'évolution des mœurs avait déjà anticipé la précarité des couples. Internet a plaqué sur ces mouvements en profondeur une soudaine profusion dont les deux conséquences paraissent aux antipodes : une conception ludique de la rencontre, en même temps qu'une exigence renforcée à l'égard des partenaires.

Quand, en une seule visite sur un site, on peut se retrouver avec plusieurs dizaines de fiches de « prospects » à évaluer puis tester, c'est la fête à Neuneu et on peut y passer des heures. Pour Marc Simoncini : « C'est l'équivalent d'une boîte de nuit où on ne boit pas, on ne fume pas, on n'a pas besoin de se maquiller. On mate, on joue, on s'amuse. On joue au chat et à la souris. On a changé les règles du jeu amoureux. » Ainsi, le libertinage, stigmatisé (mais envié) au temps des Don Juan de Molière et Mozart, est devenu légitime, déculpabilisé et surtout industrialisé. D'ailleurs, le fondateur de Meetic précise qu'il ne prétend pas vendre de l'amour, mais de la rencontre ; le reste regarde les utilisateurs, selon affinités.

Depuis que ces sites existent, ils se perfectionnent en se spécialisant. À force de fournir des listes de critères à remplir, ils se sont adaptés à des clients de plus en plus précis dans leurs demandes. Exemples : Meetarabic.com, pour des rencontres musulmanes, qui compte déjà 40 000 inscrits, ou encore gauche-rencontre.com et droite-rencontre.com. Les sites plus ciblés par des affinités spécifiques (végétariens, parents en solo ou propriétaires de chiens) se multiplient et l'exigence monte. Car si l'on peut y aller pour s'amuser une soirée, le gros lot de ce jeu en live est la « belle rencontre ». Celle qui mérite qu'on arrête de jouer, qu'on esquisse timidement une durée. La durée moyenne d'un abonnement sur Meetic est de six mois. On peut donc imaginer la « belle rencontre » dans ces délais, précédée par de multiples pas de deux.

Instruits par ces nombreuses expériences, les utilisateurs sont devenus à la fois prudents et exigeants. Beaucoup avouent, au moment où ils se lancent dans une relation avec espoir de prolongations, conserver les meilleures fiches de leurs marivaudages, *« just in case »*. À une époque où la biologiste Lucie Vincent nous assène que nous sommes programmés pour que l'« amour dure trois ans », le romantisme se gère aussi. À la moindre ombre sur la nouvelle relation, on craint de perdre son temps et on se prend à fantasmer sur la possibilité de trouver mieux.

D'autant que plus personne ne prétend connaître la recette d'une relation qui franchisse les décennies, d'un amour qui puisse à nouveau rimer avec toujours. On vit le couple comme un marathon au quotidien, où on rêverait de disposer à tout moment d'un « lovomètre » qui nous rassure sur les conditions de température et de pression. L'idéal reste que l'état amoureux, celui des premiers temps, se pérennise, ce qui se voit surtout dans les contes de fées. Or l'amour au long cours est devenu un voyage sans carte ni GPS. La crainte de l'écueil imprévu rôde. Mais on dispose, désormais, de chaloupes de secours.

Les collectionneurs d'amis

On ne sait plus très bien ce que veut dire « ami ». Comme tous les « mots valise », il désigne qui va nous suivre et nous soutenir au long des vicissitudes de notre vie, mais aussi le nom d'un inconnu, cliqué le matin même sur un réseau social pour arrondir notre compte de *friends.* Dans nos priorités relationnelles, l'amitié, selon les sondages, passe après la famille et le couple. Celui réalisé fin 2009, à l'échelle européenne, par CSA pour Coca-Cola, citait comme sources de bonheur, dans l'ordre : la famille, 56 %, le partenaire, 46 %, les amis, 25 %.

Entretenir une amitié, comme tout rapport humain, demande du temps, notre ressource la plus rare. Ce sont dans les moments où le couple se révèle à éclipses que l'amitié tempère la solitude. Une présence, même pas très intime, vaut mieux que le désert affectif.

La transformation relationnelle la plus décisive, venue d'Internet, s'est emparée de l'amitié, si l'on veut bien ne pas être trop exigeant sur la définition du terme. Cette année 2010, il y a en France déjà dix fois plus d'inscrits sur Facebook, devenu, avec 20 millions d'utilisateurs, le troisième site le plus fréquenté, que sur Meetic. À l'échelle de la planète, ils pourraient vite atteindre le demi-milliard. Or, en France, la moitié des pratiquants y font incursion chaque jour, pour y passer plus d'une heure. L'engouement pour tisser des liens prend des proportions pandémiques. À l'encontre des clichés, les récentes études d'audience Nielsen montrent que les plus jeunes ne sont pas les utilisateurs les plus intensifs. Le pic s'établit dans la tranche d'âge 35-49 ans, devant les 25-35 ans. Pour ces centaines de millions d'internautes, l'usage des sites sociaux passe désormais devant celui de l'e-mail, dont ils remplacent une grande partie des fonctionnalités. Les jeunes trouvant, paraît-il, de plus en plus le courriel pas assez ludique.

À partir de cette base quantitative considérable, les premières études réalisées auprès de leurs utilisateurs présentent un scan précis et instructif des rapports aux autres, hors famille et couple. Un sociologue travaillant pour Facebook, Cameron Marlow, a établi les premières comparaisons avec les réseaux d'amitiés pré-Internet. Selon des observations menées il y a vingt ans, le nombre de personnes qu'un individu connaissait dans sa vie variait entre trois cents et trois mille personnes. En première analyse, Facebook n'a pas révolutionné cette donnée, puisque le nombre moyen d'amis y tourne autour de cent vingt. Mais, on pouvait s'en douter, un simple dénombrement ne nous apprend pas grand-chose.

Pour évaluer l'intensité des rapports, on peut se référer à l'étude menée, dans les années 90, par le sociologue Peter Mardsen, selon laquelle un Américain ne discute de questions vraiment importantes qu'avec, en moyenne, trois personnes. Et pour le sociologue australien Duncan Watts, nous n'entretiendrions de contacts soutenus, par e-mail ou téléphone, qu'avec dix à vingt personnes. Si l'on estime qu'un rapport amical suppose une certaine régularité de relations, on voit que, technologie ou pas, ceux-ci, pour de simples raisons de temps disponible, se compteraient plutôt sur les doigts de peu de mains.

Une conclusion s'impose : le nombre de ceux avec lesquels on échange vraiment reste limité. Même ceux qui dénombrent, sur le réseau, autour de cent cinquante amis entretiennent des relations soutenues avec cinq à sept personnes seulement. Pour ceux qui ont collectionné jusqu'à cinq cents amis, leur nombre de relations fréquentes augmente en proportion, mais ils y consacrent davantage de temps. Au-delà des chiffres et des mirages technologiques, on en revient à la base : l'ingrédient déterminant de toute relation est le temps. Ce que les réseaux sociaux nous offrent de nouveau et grisant, c'est la possibilité d'un choix à l'échelle du monde. Mais tout doit tenir dans notre corset horaire immuable. Plus nous voulons élargir notre cercle amical, moins nous pouvons consacrer d'heures à chacun d'entre eux.

L'irruption, très récente, d'Internet dans nos modes relationnels met l'accent sur le quantitatif. Que ce soit pour la quête de l'âme sœur ou d'amis sur la planète, les chiffres des possibles nous donnent le vertige. Mais, expérience faite, pour l'immense majorité d'entre nous, une vraie relation amoureuse à la fois et une petite poignée d'amis suffisent à nous occuper et à nous gratifier. Si l'envie nous en prend, les technologies peuvent nous permettre de nous offrir soudain une brassée de contacts, mais, faute de temps disponible, nous revenons vite à ce qui est à notre mesure. En écho à cette *Pensée* de Pascal : « Nous sommes si présomptueux que nous voudrions être connus de toute la terre [...] et nous sommes si vains que l'estime de cinq ou six personnes qui nous environnent nous amuse et nous contente. »

Familles choisies ou subies ?

Si la famille est devenue un refuge, un pôle stable dans un monde qui désoriente, elle ne ressemble plus guère, en structure et surtout en durée, à ce que décrivaient les livres de notre enfance. Christiane Collange, ma sœur, qui lui a consacré de nombreux livres, rappelle que la famille n'existe que par la procréation. Tant qu'un enfant n'est pas né, il ne s'agit que d'un couple. Une fois que l'on s'est reproduit, les nécessités biologiques et culturelles de l'élevage des petits supposent de faire exister un foyer, dont la définition est devenue variable. Sans même aller jusqu'à l'éducation collective, de type kibboutz, qui a fait long feu, la géométrie de l'entourage où grandit l'enfant ne comporte plus toujours un couple de parents de sexes différents. Des individus, surtout des femmes, « font famille » tout seuls, pour leurs enfants. Le couple qui élève l'enfant n'est pas forcément constitué de ses deux parents. L'un d'entre eux peut s'être joint au foyer après l'enfant lui-même. Ce dernier peut devoir se partager entre deux foyers, à des rythmes qu'il n'aura souvent pas choisis. Il peut, chez lui, passer une grande partie de son enfance en compagnie d'autres enfants avec lesquels il n'a aucun lien de sang. Il arrive aussi qu'il vive ses premières années avec l'un de ses géniteurs et qu'ayant grandi, il rejoigne l'autre.

À partir du moment où le couple lui-même subit de tels avatars, ils se répercutent directement sur la famille qu'il a fondée et qui, à son tour, est l'objet des tribulations et oscillations, dans une société aux repères de plus en plus élastiques.

Plus tard, les enfants ayant grandi, ils vont se disperser au gré de leurs études, leurs carrières, leurs amours. Réunir la famille ne se fait plus naturellement, comme lorsque, au moins une fois par semaine, un repas ritualisé en rassemblait tous les membres. Arrivés à l'âge mûr, mais encore jeunes, les parents, s'ils sont encore ensemble, se retrouvent souvent dans la situation d'un jeune ménage, sans enfants proches. Ils doivent se réinventer une autonomie affective sur des bases plus restreintes. Plus de liberté, plus de solitude, moins de durée et de stabilité.

L'acte même de faire un enfant est, paradoxalement, l'un des plus court-termistes de nos vies, bien qu'il s'agisse de l'engagement aux conséquences les plus prolongées et les plus porteuses de responsabilités. On ne peut pas divorcer de ses enfants, ni en changer ; en faire est par essence un geste fatal. Ce qui ne l'empêche pas d'être porteur d'espoirs et de joies, même si l'on en mesure rarement toutes les conséquences.

Dans son livre *Le Conflit*, Élisabeth Badinter insiste : « Avant de prendre leur décision, rares sont les femmes (et les couples) qui se livrent lucidement au calcul des plaisirs et des peines, des bénéfices et des sacrifices. Au contraire, il semble qu'une sorte de halo illusoire voile la réalité maternelle. La future mère ne fantasme que sur l'amour et le bonheur. Elle ignore l'autre face de la maternité, faite d'épuisement, de frustration, de solitude, voire d'aliénation, avec son cortège de culpabilité. » Et elle rappelle l'expérience faite dans les années 70 par la journaliste Ann Landers à Chicago. Elle a demandé à ses lecteurs si, sachant ce qu'ils savaient maintenant, ils referaient le choix de procréer. Parmi les dizaines de milliers de lettres reçues, 70 % répondaient non.

Pas question de généraliser, car il suffit de constater que l'espèce s'obstine, surtout en France, à se reproduire, en dépit de toutes les vicissitudes. Faire des enfants a un prix, souvent élevé, mais reste une des rares constantes, au milieu des remises en cause qui découlent de l'accélération du progrès. Pour autant, l'éducation des femmes et le bien-être ont, dans tous les pays du monde, une même conséquence : moins d'enfants, engendrés de plus en plus tard. Même dans les pays musulmans, où, il y a deux générations, les filles étaient mariées à peine pubères dans le but de produire des familles nombreuses, la situation s'est transformée étonnamment vite. Au Maroc, l'âge du premier enfant est maintenant de 28 ans, en Iran le nombre d'enfants est tombé en dessous du seuil de renouvellement de la population, 1,8 %, alors qu'il est encore en France de 2 %. Plus on est informé, plus on réfléchit, plus on attend dans sa vie et moins la famille a de chances de s'élargir.

Notre époque nous place ici dans une situation inédite. La décision la plus conséquente d'une vie humaine, se perpétuer ou pas, ne relève plus du seul instinct, satisfait très jeune, mais d'une vraie réflexion. Faire un enfant était une décision de très court terme (quelquefois, le temps d'une seule nuit d'amour) aux conséquences à très longue durée. On constate que lorsqu'on donne aux individus les clés de ce choix (contraception et information), ils le font moins spontanément. C'est le principal domaine où, actuellement, la prise en compte du long terme semble l'emporter sur le réflexe à court terme. Et c'est précisément celui où les individus concernés sont les seuls à décider. Ils optent ainsi, de fait, pour une diminution tendancielle de la population de la planète (prévue par les démographes autour de 2050). Faut-il y voir la manifestation d'une sagesse personnelle supérieure à celle qui résulte des comportements collectifs ? À moins que ce ne soit une banale option à courte vue, en faveur de plus de confort et moins de tracas pour les parents.

La relation la plus intime

De toutes nos relations, la plus secrète, la moins commentée, la plus durable et sans doute la plus conséquente n'est-elle pas le rapport que nous entretenons avec nous-mêmes ? Il ne doit rien à la technologie, mais n'en est pas moins une quasi-nouveauté. Car le moi, le soi, l'inconscient ne nous ont été expliqués et légitimés que depuis la révolution freudienne, démarche clinique à l'origine, destinée à alléger les troubles et souffrances intérieurs. Mais il aura fallu attendre la fin du dernier siècle pour que chacun se sente autorisé à se pencher sur ses sentiments, ses projections, ses comportements, pour mieux se sentir, pour mieux vivre, sans être pour autant taxé de nombrilisme ou de narcissisme.

Ce fameux droit au bonheur individuel n'est-il pas l'ultime recours depuis que les promesses de bonheur collectif se sont évaporées ? La découverte d'une vulgate psychologique par le grand public a permis de comprendre que pour entretenir de bonnes et saines relations aux autres, il est recommandé d'être en bons termes avec soi-même. S'y ajoute la constatation forte que chacun est responsable de son destin et qu'il vaut mieux s'en occuper que de laisser les hasards de la vie le faire.

Mais s'examiner, s'analyser, se comparer, tenter de se comprendre demande aussi du temps et des circonstances propices. Le soupir le plus souvent entendu de la part de jeunes mères n'est-il pas celui de manquer de temps pour soi ? Il n'y a pas si longtemps, elles n'auraient même pas osé le formuler, de peur de passer pour égoïstes. Même si ce n'est plus le cas aujourd'hui, la disponibilité à soi-même reste des plus contingentées. Elle est admise, mais après l'attention et le soin qu'on doit aux autres. Elle doit s'accommoder des miettes de temps qui restent, le soir quand les autres dorment, ou grappillées sur un moment de solitude non rempli par quelque tâche prioritaire.

Passé l'enfance, si nous ne pensons pas à long terme, notre métier, notre équilibre affectif, nos choix, nos vrais désirs, personne ne le fera à notre place. Beaucoup de ceux qui se lancent dans une thérapie le font moins sous la contrainte d'une souffrance devenue intolérable, que pour s'offrir l'écoute et le temps d'une oreille bienveillante, qui leur permettent de faire le point sur eux-mêmes.

Dans le même esprit, s'occuper de son corps, nouvel et bienvenu impératif contemporain, implique le contraire de l'attitude court-termiste propagée par la puissante propagande au service de la consommation. S'entretenir, modérer ses habitudes alimentaires, surveiller sa santé par des contrôles réguliers, faire le minimum d'exercice recommandé par la faculté et tous les médias ne peuvent se concrétiser que si l'on remonte le flux de la facilité en se réservant le temps nécessaire. Certes, tout le monde ne le peut pas, mais la plupart ne le veulent qu'en paroles ou n'en font que des tentatives sporadiques et éphémères.

Les nouvelles valeurs de ce début de siècle ont ajouté le soin de soi à nos nécessités vitales. On peut le vivre comme une conquête de plus à faire dans un temps déjà trop saturé. Mais ce pourrait être bien plus que cela. Quand la société tout entière est en proie aux dérives court-termistes, quand l'innovation technologique ne cesse de proposer les moyens d'une accélération sans frein, quand la planète elle-même, notre maison, est mise en péril – nous le verrons dans le prochain chapitre –, où trouver un point de résistance ? Peut-être dans ce qu'on appelle désormais la sagesse collective *(wisdom of crowds)*. Cette prise de conscience qu'un sursaut devient vital gagne les plus avertis d'entre nous. Ils commencent, avec justesse, par modifier leurs propres comportements, à vivre en cohérence avec leurs idées, inspirées par leurs craintes.

L'espoir que nos sociétés se ressaisissent repose ainsi sur l'inspiration et l'élan de précurseurs qui ont compris que le bonheur n'est pas à attendre des institutions, des églises, des médias ni des hypermarchés, mais de soi-même. Freud, qui a débloqué nos portes intérieures, aura contribué à nous déresponsabiliser, en même temps qu'il nous déculpabilisait. La démagogie politique, abondante depuis un siècle, clame que ce sont les États ou les puissances d'argent qui nous oppriment. Les voix plus persuasives de la machine à nous faire consommer n'insistent que sur le facile et le tentant, finissant ainsi de lever nos salutaires inhibitions. Ces discours creux ont lassé la confiance des citoyens qui, de plus en plus, estiment qu'ils peuvent et doivent prendre en charge leur avenir, en commençant par eux-mêmes.

Prenons un seul exemple, le plus simple, le moins coûteux : la vogue montante de la méditation. Rien de plus simple dans sa définition, bien que souvent difficile en pratique : s'asseoir et faire silence en soi. Ce simple geste suspend, le temps de sa durée, la frénésie d'un environnement qui nous éloigne de nous-mêmes. Il est peut-être en train de devenir le symbole d'une résistance passive au court-termisme, car il affirme un besoin de reprendre la maîtrise de notre temps. Mais il va plus loin, puisque des expériences effectuées au MIT de Boston sur des méditants « professionnels », des moines bouddhistes comme Matthieu Ricard, ont montré que la pratique de ces derniers en avait fait des athlètes mentaux. Leur capacité de concentration, d'approfondissement des questions qui leur sont soumises laisse loin derrière la moyenne d'entre nous. L'exact opposé des phénomènes de « démusculation » neuronale évoqués au précédent chapitre. Un exemple encourageant pour tous ceux qui se sentent ballottés par un système auquel ils n'ont pas la force de résister.

C'est aller à l'inverse de la facilité, mais on peut imaginer que plus nous serons nombreux à vouloir reprendre la maîtrise de notre corps et de notre tête, plus cette nouvelle contre-culture prendra de force. Il ne s'agit pas d'une ascèse punitive, mais – ceux qui le pratiquent l'ont compris – d'un cheminement vers un vrai et profond bien-être. Au minimum, chacun peut ainsi améliorer sa propre vie, au mieux, ce peut être l'amorce d'un mouvement salvateur plus vaste. Une bonne relation à soi-même peut devenir le moyen modeste, mais à terme puissant, de rouvrir les portes du long terme.

Écologie !
Quoi encore,
avec l'écologie ?
Ben... il est peut-être
temps d'agir pour
nos petits-enfants
ils votent déjà, tes petits-enfants ?

8
L'environnement
Et le long terme devint l'urgence…

Trop tard ! Les climatologues du monde entier sont unanimes : le délai nécessaire pour éviter un réchauffement de la planète supérieur à 2 °C est dépassé. À force de louvoyer, l'humanité n'a pas réduit suffisamment vite ses émissions de gaz à effet de serre, et elle aura de la chance si le thermomètre ne franchit pas les 4 °C. Il ne lui reste plus qu'à prendre les mesures pour ne pas aggraver la situation.

Le spectacle des sommets des Alpes m'habite depuis l'enfance. Le mont Charvin, au fond de la vallée de Megève, est resté immuable pendant que je vieillissais. Mais ses voisins, les majestueux glaciers de Chamonix, se sont recroquevillés, vraisemblablement par notre faute. Et nous n'avons pas été capables de l'anticiper, pas plus que l'épuisement des matières premières ou des énergies fossiles, et pas davantage que la raréfaction de l'eau dans les zones surpeuplées.

En occupant le devant de la scène médiatique, le

changement climatique finit par occulter d'autres défis écologiques d'ampleur, comme le gaspillage des ressources agricoles. Depuis quelques années, nous assistons à une ruée sur les terres fertiles du globe, une denrée devenue rare elle aussi. L'Arabie Saoudite, après avoir renoncé à l'agriculture d'irrigation qu'elle avait développée à grands frais dans ses déserts, convoite des sols du Soudan ; la Corée, ceux de Madagascar ; la Chine, ceux des pays d'Afrique tropicale et d'Amérique latine.

D'après le Global Footprint Network, une ONG californienne, l'humanité aurait chaque année besoin des ressources d'une planète et demie pour se nourrir, se vêtir, se déplacer, se chauffer et absorber ses déchets. Ces calculs, connus sous le nom d'« empreinte écologique », ont augmenté de 2 % depuis 2005, et de 22 % depuis les années 90, à la fois du fait de l'augmentation de la population mondiale et de la croissance de la consommation.

De toute éternité, les hommes se sont comportés avec insouciance à l'égard de la Terre nourricière, qui, indulgente, absorbait leurs déchets et effaçait leurs erreurs. Maintenant que nous prenons la mesure de nos actions et constatons le désastre, l'insouciance s'est muée en irresponsabilité. Les dégâts du court-termisme sur notre niche écologique ne sont-ils pas d'une tout autre conséquence que ceux que nous avons évoqués au long des pages précédentes ? Agir de manière inconsidérée en finance ou en politique peut être source de crises, de tragédies, voire de guerres. Mais s'agissant des éléments naturels dont nous dépendons, c'est la survie même de notre espèce qui est en cause.

Prise de conscience très tardive

Personne ne me l'avait appris pendant mes études, ni même au cours de ma vie professionnelle. La prise de conscience des dégâts que nous avons infligés à la biosphère a eu lieu au tournant de ce siècle. Elle est encore incomplète, encore débattue, mais nul ne peut désormais l'ignorer. Elle influence nos comportements quotidiens, nos routines, la manière dont nous voyageons ou nous nous brossons les dents, en même temps qu'elle donne lieu à des négociations internationales à Montréal, à Rio, à Kyoto, à Copenhague, bientôt à Mexico. Aucune n'a permis ne serait-ce que de commencer à enrayer la tendance.

Il ne s'agit plus de lubies sympathiques de contestataires chevelus, ni d'une tentation du Larzac, mais du questionnement central de notre civilisation. Risquons-nous de manquer d'énergie, de moyens de transport, de nourriture même ? La civilisation telle que nous la connaissons, avec son confort, ses raffinements, ses exploits, est-elle menacée ? Ne restera-t-elle accessible qu'à quelques privilégiés, isolés des autres par des murs sécurisés ? Est-il déjà trop tard ? Quel horizon électoral, quel plan d'entreprise, quel projet familial peuvent se comparer à de si angoissantes interrogations ? Prométhée triomphant depuis deux siècles sent-il s'approcher la vengeance de Zeus ? L'humeur n'est plus à rire, quand la vision à court terme des humains met en doute l'avenir de leurs enfants.

De toutes les accélérations dont il est question ici, la plus vertigineuse est sans aucun doute le quadruplement en un siècle de la population terrestre : nous étions deux milliards dans les années 30, et dépasserons les huit milliards cent ans plus tard. Combinée avec l'allongement de la vie et l'aspiration – légitime – à un mode de vie plus confortable, cette explosion démographique dilapide les richesses de la Terre : tous les excès dans l'exploitation des ressources, les émissions de gaz à effet de serre, l'utilisation des terres fertiles ou la répartition de l'eau en découlent.

D'après les démographes des Nations unies, cette frénésie reproductrice culminerait d'ici 2050. Il y aurait, alors, neuf milliards de Terriens qui devront se nourrir et se loger, et voudront se déplacer et communiquer en toute liberté. La courbe de croissance de la population devrait alors s'infléchir, mais pas automatiquement la prédation des ressources rares. Combien de temps nous reste-t-il avant que les conséquences ne deviennent d'abord désagréables, puis irréversibles ? Trois, dix, trente ans à partir d'aujourd'hui ? Les experts ne sont pas tous d'accord. À moins qu'il ne soit déjà trop tard, comme le redoutent les plus pessimistes.

Les négociations internationales, entre espoirs et fiasco

Après des décennies d'ignorance, voire de dédain, la multiplication des débats autour des questions écologiques est, au moins, un signal encourageant. Désormais, à tous les niveaux de la société, on s'alarme, on se rassure, on s'empoigne, on argumente. Laurence Tubiana, conseillère en développement durable pour la Chine, entre autres fonctions, confiait que dans les réunions internationales auxquelles elle participe, la prise de conscience est générale, et pas seulement dans les pays développés, mais sur tous les continents. À la veille du sommet de Copenhague, en décembre 2009, un sondage effectué dans trente-huit pays montrait une surprenante proportion de citoyens inquiets des changements climatiques : 80 % dans les pays en développement, 46 % dans les nations riches. Il en allait autrement cinq ans auparavant. De plus, toujours selon un sondage de l'IFOP de décembre 2009, les Français, les Italiens, les Américains étaient à plus de 80 % prêts à modifier leur mode de vie pour limiter leur impact sur l'environnement. La sensibilisation des opinions publiques est donc réelle, et c'est inédit. Mais elle n'a pas encore été mise à l'épreuve de mesures musclées, désormais inévitables.

On peut trouver de l'espoir dans le fait que chercheurs et ingénieurs sont maintenant mobilisés pour apporter des réponses techniques à ces nouveaux défis. Depuis les voitures électriques, jusqu'au moyen de capturer les émissions de carbone des centrales à charbon, en passant par les maisons neutres en énergie, on invente, on expérimente, on se prépare à monter en production. Mais seront-elles, en temps voulu, suffisantes et à un prix abordable ? Le doute est permis.

Car les craintes des pessimistes ne sont pas infondées : nous courons un grand risque de perdre cette course contre la montre avec les périls planétaires. Leurs doutes se nourrissent de l'observation des comportements récurrents des hommes, qui n'ont pas fait preuve de grandes capacités d'anticipation au cours de l'histoire. La plupart des catastrophes, même annoncées, les ont pris au dépourvu. Une propension que ne corrigera pas le court-termisme de l'époque actuelle. Notre fascination pour le présent polarise notre attention et accapare l'essentiel de nos moyens d'action.

Certes, on disserte généreusement du développement durable, mais les décisions tardent. Les objectifs de réduction des émissions de gaz à effet de serre, enjeu central dans les arènes internationales, sont timides et fixés à des horizons lointains, 2015, 2020, 2050. Et surtout, encore au niveau des bonnes intentions. Trop peu et trop tard, clament les radicaux. Entre la crainte des sanctions électorales et la pression des lobbies industriels, les gouvernants, plus schizophréniques que jamais, avancent un pied sur l'accélérateur, et l'autre sur le frein. Selon une des expressions favorites de Marshall McLuhan : « *When all will have been said and done, more will have been said than done* » (Quand tout aura été dit et fait, davantage aura été dit que fait).

La gouvernance mondiale, en matière d'écologie, reste un vœu tout aussi vain que celle qui régulerait la mondialisation financière. Comment infléchir des tendances globales ou réguler les marchés de l'énergie et des matières premières, au niveau de quelques pays ? Les pollutions, aujourd'hui, sont globales et ne connaissent plus de frontières. Les mesures significatives ne peuvent être décidées que collectivement, avec tous les risques que comportent les négociations multilatérales. C'est ce qu'a illustré le traité de Kyoto : signé dès 1997, mais entré en vigueur seulement en 2005, il a été rendu inopérant par le refus des États-Unis de le ratifier, alors même que ces derniers étaient responsables du tiers des émissions globales de gaz à effet de serre.

Pour l'écologie comme pour la finance, les gouvernants font les mêmes déclarations : la régulation est indispensable, mais ne peut être efficace qu'à condition que tout le monde y adhère. On sait ce qu'il en est. Alors que, de l'avis de nombreux spécialistes des questions énergétiques, il faudrait sérieusement contingenter la consommation d'hydrocarbures et en augmenter fortement les prix, quel gouvernement serait prêt à le faire aujourd'hui ?

D'abord réduire, ensuite réduire, enfin réduire…

Dans son livre *C'est maintenant ! Trois ans pour changer le monde*, Jean-Marc Jancovici résume les risques que nous encourons, en quelques phrases d'un style abrupt : « Il faut adopter en France et en Europe une stratégie à trente ou quarante ans sur l'énergie. […] Le volet de ce plan sur la demande est d'une simplicité biblique : d'abord réduire, ensuite réduire, enfin réduire. […] Il faut à la fois supprimer une partie des transports et rendre plus légers, plus lents et moins puissants ceux qui restent. » Et il s'interroge : « Faut-il en conclure que la démocratie n'est pas compatible avec la solution aux problèmes que nous devons résoudre ? »

Jean-Marc Jancovici fait allusion à un mot qui fait horreur à tout gouvernant élu : le rationnement. Rafraîchissons-nous la mémoire : les pays démocratiques ont déjà connu des périodes de rationnement massif, pendant la grande dépression des années 30 aux États-Unis, et pendant et juste après la Seconde Guerre mondiale en Europe occidentale. Les citoyens s'y étaient résignés par la force des choses, chacun recevant des tickets fixant la quantité de beurre, viande, pain et essence qu'il pouvait acheter par semaine.

Certains experts sont convaincus que pour éviter le pire, nous devons nous préparer à l'équivalent d'une guerre, mais il manque un Churchill capable de nous promettre « du sang, de la sueur et des larmes… » pour réduire notre insoutenable consommation d'énergie.

De tels enjeux supposent des choix politiques clairs et courageux. Or le débat au niveau national reste brouillon et confus. Maintenant que l'opinion est sensibilisée à ces questions, chacun essaie de les transformer en potentiel électoral. On oscille entre le néoromantisme, nourri de photos d'ours blancs efflanqués, et « l'héroïsme » des fauchages d'OGM. Mais au moment des négociations entre partis, les marchandages portent davantage sur le partage des sièges que sur les décisions écologiques, qui passent alors au second plan. Les discussions entre Parti socialiste et Europe Écologie entre les deux tours des régionales de 2010 l'ont démontré.

Serait-il utopique d'imaginer que, sur ces questions, la droite et la gauche soutiennent un programme identique ? C'est ce qu'avait tenté Nicolas Hulot en faisant signer son pacte à tous les candidats au cours de la présidentielle de 2007. L'élection passée, chacun a accommodé la sauce à sa façon.

Les priorités ne sont pas encore bien fixées dans les esprits, et Jean-Marc Jancovici ne manque pas de soulinger les dysfonctionnements des Verts : « Leur faiblesse vient de ce qu'ils sont souvent nés de l'union de gens qui partagent une hostilité commune (contre le nucléaire, la chasse à la baleine, les OGM ou l'insouciance des gens qui nous dirigent), mais être d'accord pour être contre ne fait pas nécessairement de vous des gens d'accord pour être pour. [...] Si vous allez à la bibliothèque des Verts à Paris, à la rubrique "énergie", vous trouverez trois livres sur les énergies renouvelables et tout le reste est contre le nucléaire ! Ni pétrole, ni charbon, ni gaz, ce qui est quand même gênant, puisqu'ils représentent 80 % de l'énergie mondiale. »

Confucius disait que l'art de gouverner exige de commencer par se mettre d'accord sur les mots. Pour éviter de perdre trop de temps, il n'est pas inutile d'essayer de trier entre le certain et le discutable tels qu'ils résultent des torrents d'informations et de commentaires actuels.

James Hansen, le célèbre directeur du Goddard Institute de la NASA, fut l'un des premiers à lancer l'alerte sur les dangers du réchauffement climatique dès 1988 : « Il faut que l'opinion soit sûre d'une chose. Il n'existe pas de grosses incertitudes sur le film qui est devant nous. Et les politiques ne peuvent pas s'abriter derrière de prétendues inconnues pour ne pas agir. » Les deux mille savants réunis en mars 2009 pour préparer le sommet de Copenhague ne disaient pas autre chose, à travers le comité scientifique de la conférence : « Les dernières observations confirment que le pire des scénarios du GIEC [Groupe intergouvernemental d'experts sur l'évolution du climat] est en train de se réaliser. Les émissions ont continué d'augmenter fortement et le système climatique évolue d'ores et déjà en dehors des variations naturelles à l'intérieur desquelles nos sociétés et nos économies se sont construites. » Après Copenhague, une polémique sur la fonte des glaciers himalayens prématurément annoncée par le GIEC a essayé de disqualifier ce dernier, car ses prévisions gênent plus d'un lobby. Hélas, les constatations, déjà visibles, suffisent à nourrir nos alarmes.

Lucka Kajfez Bogataj, de l'université de Ljubljana (Slovénie), après avoir épluché l'ensemble des études climatiques parues dernièrement, conclut sans hésiter : « L'impact du réchauffement est plus précoce et plus rapide que prévu. » Non seulement ce qui était annoncé est en train de se réaliser, mais à une rapidité qui surprend les plus avertis.

Tout aussi dangereuse est la raréfaction des ressources énergétiques non renouvelables. Comme l'énonce très simplement Jean-Marc Jancovici : « La production mondiale de pétrole a été multipliée par presque 9 de 1950 à 2008, soit moins que l'espace d'une vie. Et ça devrait s'inverser dans moins d'une génération, peut-être d'ici à cinq ans. [...] Le plafonnement de la production pétrolière aura lieu bientôt. Or personne n'a quoi que ce soit dans ses cartons pour y faire face. »

Il n'est pas encore question d'épuisement des réserves, mais il suffit que la quantité quotidienne de pétrole extraite du sous-sol cesse de croître, au moment où un milliard de Chinois découvrent les plaisirs de l'automobile, pour que ce marché crucial pour nous tous se déstabilise complètement. En matière de court-termisme, on frôle là les sommets !

L'égoïsme barricadé, nouvel horizon ?

Les énergies renouvelables pourront-elles remplacer les hydrocarbures en voie d'épuisement ? C'est loin d'être acquis : l'hydroélectricité ne fournit que 5 % de l'énergie mondiale, ce qui est énorme par rapport à l'éolien qui est à moins de 0,10 %. Quant aux piles solaires, elles n'assurent que 0,01 % des besoins, et leur compétitivité n'est pas encore établie vis-à-vis des énergies fossiles. « Il est probable, résume Jean-Marc Jancovici, que rarement dans l'histoire de l'humanité, nous aurons disposé d'une telle quantité d'informations sur un désastre à venir. »

Pourquoi tarde-t-on tant à réagir à la mesure de ces évidences criantes ? Peut-être parce qu'il subsiste des doutes sur quelques points clés. Exemple : de quel délai disposons-nous avant une crise majeure qui affectera durement chacun d'entre nous ? Entre les *Trois ans pour sauver le monde*, de Jean-Marc Jancovici, et *2030 l'année du krach écologique*, de Geneviève Férone, directrice du développement durable chez Veolia, il y a plus de quinze ans de différence d'appréciation, derrière lesquels seront tentés de s'abriter ceux qui cherchent toutes les raisons d'atermoyer. Et si les États calent leurs échéances sur 2050 pour réduire de 40 % nos émissions de CO_2, comment l'opinion et la classe politique n'en concluraient-elles pas qu'on a bien le temps de s'y mettre ?

Certaines prophéties sont franchement apocalyptiques. Selon James Lovelock, un des principaux chefs de file de l'écologie contemporaine, dont l'ouvrage le plus connu, *L'Hypothèse Gaïa*, considère la Terre comme un être vivant, l'humanité n'a pas les moyens d'enrayer un réchauffement climatique qui s'est déjà emballé. Il ne nous reste plus qu'à nous préparer à ses terribles conséquences, et la transition vers la nouvelle ère climatique « chaude » ne se fera pas sans heurts. Dès aujourd'hui, les événements climatiques extrêmes – sécheresses, précipitations, inondations – sont plus fréquents et plus meurtriers. Les déserts gagnent du terrain, des littoraux sont menacés par la hausse du niveau des océans.

Selon James Lovelock, le réchauffement climatique est amené à se poursuivre et à s'accélérer : les désastres naturels seront donc plus nombreux, jusqu'à ce que le climat terrestre se stabilise dans des conditions préjudiciables à la civilisation humaine actuelle. En particulier, les déserts, ayant gagné l'essentiel des régions continentales, provoqueront des migrations climatiques de grande ampleur. Les régions moins touchées par le réchauffement seront alors confrontées à un dilemme moral : accepteront-elles d'accueillir « toute la misère du monde ? ». Lovelock pense que non : la mort de centaines de millions, voire de milliards, d'êtres humains serait inévitable. Il n'y aurait pas d'autre choix que d'accepter cette sinistre perspective, car accueillir l'ensemble de l'humanité sur les dernières oasis fertiles accélérerait leur épuisement et la fin de l'espèce humaine. Dans ce contexte chaotique, la solidarité internationale ne saurait se maintenir. Les États relativement épargnés par l'évolution climatique devront plutôt compter sur leur cohésion nationale et protéger leurs intérêts bien compris. Le développement des forces armées devient donc, pour ces derniers, une nécessité impérieuse. Une hypothèse qui fait frémir.

Ceux qui veulent se rassurer et ne surtout prendre aucune décision déplaisante répètent que l'humanité a toujours trouvé à temps les technologies pour traiter les problèmes qu'elle avait elle-même créés. Là encore, qui pourrait le garantir ? Les voitures électriques ne représenteraient, au mieux, que 5 % du parc mondial d'ici dix ans. Et de toute manière, elles consomment de l'électricité, laquelle est produite, hormis en France, par des centrales polluantes au pétrole ou au charbon. Combien de temps faudra-t-il aussi pour adapter le stock de logements à une faible consommation d'énergie, et au prix de quels gigantesques investissements ?

Revenir aux besoins élémentaires de l'espèce

Les besoins essentiels des hommes sont basiques : se nourrir, se loger et, pour ceux qui habitent nos zones tempérées, se chauffer. Se déplacer et communiquer ne sont, en comparaison, pas vitaux, et c'est à cette aune qu'il faut hiérarchiser les dilemmes écologiques actuels.

La question de l'alimentation est également en train de s'installer au sommet de l'agenda politique de la planète. C'est en soi un progrès auquel Copenhague, même décevant, aura contribué. On a pris conscience du réchauffement climatique qui réduit ou immerge les terres cultivables, des monocultures qui ont bouleversé les équilibres alimentaires des nations du Sud, des risques d'assèchement des sources d'irrigation.

Lester Brown, écologiste respecté et fondateur de l'Earth Policy Institute à Washington, pose la question en termes crus : « Les pénuries alimentaires menacent-elles la civilisation elle-même ? » En trois ans, les prix du blé, du riz et autres céréales de base ont triplé. Le nombre de Terriens mal nourris, qui a atteint un minimum, 800 millions, au début de ce siècle, est remonté à un milliard, une tendance qui n'est hélas pas près de s'inverser.

Pour résoudre ces défis écologiques, il devient indispensable de retrouver le sens du long terme, que notre époque a perdu. Mais en matière d'environnement, il faut penser à cinquante ans. C'est un exercice trop abstrait pour la plupart d'entre nous, et nous avons besoin de leaders charismatiques capables de nous y aider, ce que ne savent plus faire les hommes politiques, trop habitués aux calculs électoraux de court terme.

Les espoirs de la planète reposent sur les nouvelles générations. La facilité avec laquelle les enfants se mobilisent est exemplaire. Ils sont vite devenus militants du tri sélectif, de la défense des espèces menacées, des économies d'énergie. Le long terme, c'est leur existence même.

L'évocation des plus jeunes met en lumière ce qui peut seul redonner un peu le goût du long terme aujourd'hui : un minimum de retour à la solidarité, pour les individualistes que nous sommes devenus. Penser l'avenir, c'est se projeter dans ses descendants. La cause écologiste, sortie des groupuscules où elle était cantonnée, fait l'objet d'un préjugé favorable dans l'opinion. La machine médiatique mondiale, dont l'efficacité n'est plus à démontrer, est en ordre de marche pour la divulguer et la défendre. Elle a fait progresser les esprits en matière de développement durable, ces cinq dernières années, à coups de documentaires, d'émissions de télévision, de reportages et de livres.

Mais ce n'est qu'un début, car l'expérience montre combien nous avons du mal à adapter notre mode de vie aux défis à venir. Pourquoi ? Ces interrogations sur notre capacité d'engagement à long terme sont au cœur de la recherche en psychologie cognitive des universités américaines. Elles ont fait l'objet d'un long article de Jon Gertner dans le *New York Times*, « Why Isn't the Brain Green ? » (traduit en français sur le site des Humains associés).

Il apparaît que la plupart des individus ne se sentent tout simplement pas personnellement concernés par le changement climatique. C'est une menace trop abstraite, trop compliquée à se représenter et nos sens ne sont pas assez développés pour nous alerter sur l'augmentation de la quantité de CO_2 dans l'air ou de la pollution de l'eau. Yves Cochet, ancien ministre de l'Environnement, rappelle, dans son *Antimanuel d'écologie*, que le rapport que nous entretenons avec la vérité n'est pas d'ordre rationnel, mais d'ordre social. Il n'est donc pas si étonnant que les scénarios apocalyptiques et la rhétorique catastrophiste ne donnent pas les résultats escomptés, c'est-à-dire la mobilisation de chacun.

Elke Weber, chercheuse en psychologie à la Business School de Columbia, à New York, a examiné les mécanismes de prise de décision vis-à-vis des risques environnementaux. Les individus appréhendent les risques de deux façons : soit ils analysent les coûts et les bénéfices, soit ils réagissent de façon instinctive ou passionnelle, dans une sorte de réaction primitive au danger. Dans les deux cas, ils ne montrent aucune préférence pour la réflexion à long terme et les bénéfices différés, avec une forte tendance à sous-évaluer les résultats promis dans le futur. Pas étonnant qu'ils soient si peu enclins à sacrifier leur mode de vie pour protéger l'avenir.

Sortir du « business as usual »

En matière de développement durable, il en va dans les entreprises comme chez les individus : lorsqu'il s'agit de faire des arbitrages, « ça devient très violent », raconte Geneviève Férone, en charge du problème chez Veolia. L'arbitrage a tendance à opter pour le court terme, au bénéfice des fonctions régaliennes de l'entreprise et de la finance. « Fonctions prédatrices », selon Geneviève Férone, pour des raisons très simples : l'économie en général, et celle des entreprises en particulier, est mesurée par des indicateurs de court terme, dont les tableaux de bord n'intègrent jamais le long terme, pas plus que les enjeux environnementaux. C'est un système unidimensionnel, personne n'est responsable ni coupable !

Une entreprise qui ouvre une direction du développement durable ne fait pas subitement entrer le long terme dans sa stratégie. Elle estime que c'est *nice to have* pour soigner son image. Geneviève Férone ironise sur la mode des rapports de développement durable : « On en arrive à décrire le *business as usual* d'un côté, et "comment on devrait bien faire si on pouvait bien faire", de l'autre. »

Élisabeth Laville, fondatrice du cabinet de conseil en développement durable Utopies, a observé dans les entreprises ce qu'elle appelle le « syndrome Jacques Chirac » : ce sont souvent les P-DG en fin de carrière qui, en devenant grands-pères, s'interrogent sur la trace qu'ils laisseront dans l'histoire. Ils deviennent alors plus sensibles au discours de la protection de l'environnement et s'y investissent. Dès qu'ils cèdent leur place à un plus jeune, tous leurs efforts sont réduits à néant, le temps que leur successeur fasse d'abord ses preuves dans le *business as usual*.

Pour les autres entreprises, l'exercice de la stratégie à long terme est diabolique : la plupart finissent par avouer que leur vision ne dépasse pas six mois ! Carrefour développe ses modèles d'hypermarchés de demain pour les trois années à venir : comment intégrer dans cette vision des questions environnementales à cinquante ans ?

Les dirigeants actuels campent, en général, dans la « pensée magique » selon laquelle la technologie sauvera les entreprises, et la Terre accessoirement.

Geneviève Férone : « Celui qui se pose la question : comment fonctionnera le modèle de mon entreprise dans trente ans ? quel sera le marché ? celui-là est sûr de perdre. Son questionnement restera incompréhensible pour les investisseurs et les analystes – sans parler de ses collègues. »

Trois scénarios pour le salut de l'homme

Lester Brown a imaginé trois scénarios pour sortir l'espèce humaine de l'ornière où elle s'est enlisée, qu'il a intitulés Pearl Harbor, le Mur de Berlin et le « sandwich. »

L'hypothèse « Pearl Harbor » est très brutale. La veille de l'attaque japonaise du 7 décembre 1941, rappelle-t-il, 95 % des Américains étaient contre l'entrée en guerre des États-Unis. Après le traumatisme des bombardements, selon le mot de Roosevelt, le taux s'est subitement renversé, avec 95 % qui se déclaraient favorables dès le lendemain. Autrement dit, une catastrophe massive et soudaine, qui frapperait l'opinion mondiale, rendrait possibles des mesures jugées auparavant inacceptables. Un scénario qui équivaut à une guerre, mais reste très aléatoire, donc peu crédible.

Le scénario de type « Mur de Berlin » parie sur une dégradation de plus en plus perceptible des conditions de vie en de nombreux points du globe. En 1989, le Mur n'était tombé qu'après plusieurs mois de désagrégation du dispositif frontalier du rideau de fer, en Hongrie, en Tchécoslovaquie, en Pologne. La chute du symbole de la Guerre froide a précipité un mouvement déjà amorcé. Transposé à l'écologie, on peut imaginer que les cours du pétrole explosent au point de bouleverser nos comportements en matière de transports ou de chauffage. À ce moment-là, des législations contraignantes pourraient être adoptées sans opposition.

Enfin, ce que Lester Brown appelle le « sandwich » serait une évolution graduelle et simultanée des opinions et des cercles politiques, sous l'influence des médias, des incidents en nombre croissant, et des plus jeunes. Des mesures qui paraissent inacceptables aujourd'hui parviennent à s'imposer dans les esprits et rendent possibles les « changements de paradigmes » dans un certain consensus.

Le dernier scénario est préférable, mais est-il le plus vraisemblable ? Tout incline plutôt vers le scénario dit du Mur de Berlin. L'avenir de notre destin collectif se jouera sur des facteurs auxquels nous sommes moins étrangers que nous le croyions, puisque la moitié des émissions de gaz à effet de serre, en France, sont réalisées par chacun d'entre nous, dans sa vie privée. « Une chance inouïe, selon Pierre Radanne, expert mondial en ressources énergétiques, l'humanité est capable de la meilleure générosité quand elle a un objectif commun, qui est la seule façon de réguler la violence. Il faut donc s'atteler à reconstruire un intérêt général collectif, un sentiment d'appartenance à l'humanité. »

Pour se sauver, notre espèce passablement déboussolée parviendra-t-elle à temps à admettre que le long terme est devenu sa première urgence ?

Je suis en retard sur un truc à faire d'urgence
Quoi ?
Prendre mon temps

Conclusion

Voulons-nous vraiment sortir du court-termisme ?

J'ai voulu terminer ce panorama du court-termisme actuel par l'écologie, car elle seule oblige tous les habitants de la planète à faire face, ensemble, aux mêmes problèmes, aux mêmes menaces. Dans tous les autres domaines, les conséquences sont variables selon qui l'on est, ce que l'on fait et où l'on habite. C'est du moins l'excuse que se donnent certains pour atermoyer dans la mise en œuvre de réformes. Les paradoxes court-termistes se manifestent chaque jour. Observons une semaine d'actualité fin janvier 2010 : un couple de retraités de 70 ans est assassiné dans son pavillon. Immédiatement, le ministre de l'Intérieur, Brice Hortefeux, déclare qu'il va déposer un projet de loi pour renforcer les sanctions contre les assassins de personnes âgées. Au même moment, bien que les médias en parlent à peine, les pays de l'ONU se divisent sur la manière de remettre en selle le processus de Copenhague. Ce qui va, à coup sûr, retarder d'autant la mise en œuvre d'une lutte efficace contre les émissions de gaz à effet de serre. Ce qui est important pour l'humanité est rarement ce qui capte l'attention de l'opinion. On focalise, en priorité, sur ce qui est émotionnel et peu coûteux, mais ce qui a des conséquences à long terme peut attendre, car sans rentabilité électorale immédiate.

Dire que notre avenir, celui de nos enfants, celui de notre espèce est maintenant en jeu n'est, hélas, ni exagéré ni emphatique. L'exposé de nombreux exemples au long de cette enquête en aura donné un aperçu. De quoi dépendra ce futur ? Il va se jouer entre deux pôles, de natures radicalement différentes : la vitesse du progrès scientifique d'une part, nos attitudes et comportements individuels de l'autre. Un rapprochement moins étrange qu'il n'y paraît d'emblée. Les événements du XXe siècle le prouvent. Si l'humanité a survécu aux atrocités déclenchées par les aberrations de ses dirigeants, si le niveau de vie a pu progresser, malgré une poussée démographique sans précédents historiques, c'est du fait des ressources inouïes dégagées par la science et l'industrie. Ces dernières ont permis aussi bien de mettre fin aux folies guerrières que de nourrir les humains et d'allonger, partout, leur durée de vie. Les mêmes lignes de force seront à l'œuvre au cours du prochain siècle. Selon certains prospectivistes, l'accélération du progrès, loin de plafonner, va se poursuivre à une vitesse exponentielle. C'est la conviction de Ray Kurzweil, futurologue informaticien, auteur de *Humanité 2.0.* Il soutient que les accroissements et découvertes technologiques seront mille fois plus rapides qu'au XXe siècle. Il donne pour exemple le décodage des virus : quatorze ans pour le VIH, mais seulement trente et un jours pour le coronavirus du SARS.

Dans un tout autre domaine, Pierre Rabhi, sage et expert agricole, a calculé qu'on pourrait nourrir toute l'Afrique par une exploitation enfin rationnelle et écologique d'une surface cultivée équivalente au territoire de la seule Éthiopie. La science donne de l'espoir, mais elle sert aussi de prétexte à ceux qui préfèrent retarder les mesures contraignantes. L'humanité, rappellent-ils, s'en est toujours sortie grâce à ses inventions, pourquoi pas cette fois encore ?

Ce sera donc de notre propre attitude, individuelle et collective, que va dépendre notre destin. N'avons-nous pas utilisé la science pour nous donner aussi bien les moyens d'annihiler notre espèce que ceux de lui éviter les pires épidémies ? Nous ne serons pas sauvés par les savants, qui ne sont que de merveilleux techniciens. C'est l'usage que nous ferons de leurs découvertes et de leurs prévisions qui restera décisif.

Prisonniers du court-termisme, sommes-nous assez informés, assez lucides, assez déterminés pour nous en dégager et éviter le pire ? Poser la question, c'est déjà y répondre : à l'évidence, non. D'abord, parce que nous trouvons certains avantages au statu quo. La vitesse, nous l'aimons bien et nous ne voudrions sûrement pas revenir en arrière. Tout au plus ralentir un peu à certains moments dans notre vie, mais pour repartir de plus belle. Même le stress ne nous est pas désagréable. Nous aimons la tension de l'action, le sentiment de performance à mener plusieurs chantiers de front. C'est seulement son excès qui nous fait souffrir et notre optimisme, ou notre aveuglement, nous pousse à croire que nous parviendrons bien à le réduire.

Plus profondément, le court-termisme est notre compagnon quotidien, car nous le trouvons commode. Plus l'avenir est incertain, moins nous avons envie de le scruter. Garder les yeux fixés sur le bout de nos chaussures, plutôt que sur l'horizon, est l'attitude spontanée de beaucoup d'entre nous et de nous tous la plupart du temps. De même, notre court-termisme nous pousse à rechercher les gratifications immédiates, plusieurs fois par jour, pour nous éviter l'ennui et lutter contre nos angoisses. Ce peut être un travail mené à bien tout autant que la perspective d'un bon dîner. Nous sommes capables de nous satisfaire de peu, à condition que ce soit souvent et vite. Il nous suffit de conserver notre dose de petits plaisirs et de gratifications immédiates.

Penser, viser le long terme n'est ni facile ni naturel. Cela implique un effort mental, fait de concentration, d'imagination et de confiance en soi. D'autant que se projeter dans le futur, c'est aussi se rapprocher de notre mort. N'est-il pas plus douillet de demeurer dans l'illusion d'éternité que nous offre un présent qui se renouvelle à chaque lever de soleil ?

Heureusement, nous sommes aussi capables d'efforts et l'humanité n'a progressé que grâce à la capacité de quelques-uns de nous sortir de cette torpeur du court terme. Mais ne comptons pas trop que de tels efforts puissent devenir notre ordinaire. Ce serait pure utopie.

Chacun de nous, pour son compte, peut prendre conscience des risques qu'il court à rester enfermé dans le présent, à ne pas anticiper les conséquences de ses choix, de ses actes. L'expérience de la vie est, à cet égard, la meilleure conseillère. Mais dans tous les systèmes collectifs – politiques, financiers, commerciaux –, dans tous les lieux d'influence, de pouvoirs, petits ou grands, un minimum de prise en compte du long terme va demander des transformations considérables.

Dans nos conversations à propos des difficultés de l'Afrique à progresser et à éviter les conflits meurtriers, nous en arrivons souvent à dire : « C'est une conséquence du tribalisme, de la division en ethnies rivales. Ils n'arrivent pas à parler d'une seule voix, alors qu'ils font face aux mêmes problèmes. » En quoi la situation de l'ensemble des habitants de la planète est-elle différente ? Notre division en deux cents pays n'est-elle pas aujourd'hui la principale cause de l'impossibilité de prendre les décisions clés pour l'avenir ?

À Copenhague, le système « un pays, une voix » a donné le même poids aux 200 000 habitants du Vanuatu qu'au milliard de Chinois. Et à propos des mesures qui permettraient une urgente régulation des activités financières, chaque pays, y compris les États-Unis, se dit prêt à agir, mais seulement si les autres en font autant. Un argument mille fois entendu pour justifier les lenteurs de l'Union européenne. En quoi est-ce différent des divisions des tribus africaines ?

Il en est de même pour tous les fonctionnements démocratiques, empêtrés dans les revendications de chaque groupe d'intérêt. Petit ou puissant, chacun a accès aux médias et peut y faire un vacarme disproportionné avec son importance réelle.

On pourrait consacrer une encyclopédie permanente aux fonctionnements humains qui font obstacle à la prise en compte des conséquences à long terme et amènent à tout décider au présent : divisions, intérêts contradictoires, ego en tous sens, peurs et préjugés, pulsions, cupidités… Nous le savons tous, mais personne n'a assez de pouvoir pour démêler cet écheveau infernal.

Donc, pas d'issue et une course à l'abîme, par aveuglement et impuissance face à l'avenir ? Il n'y a même pas besoin d'être pessimiste pour en être convaincu. Pourtant les humains se sont, jusqu'ici, sortis des situations les plus périlleuses. Souvent au prix de souffrances et de tragédies, mais ils s'en sont sortis. Pourquoi serait-ce soudain devenu impossible, alors que ni les ressources ni les idées ne manquent ?

L'important, dans notre situation, est d'imaginer par quelles voies, même étroites et improbables, pourra passer une reprise en compte salvatrice du long terme. Je parierais que ce sera par la conviction de cette nécessité au niveau de chacun. Nous sommes de plus en plus nombreux à avoir acquis cette conviction, même si nous n'agissons pas toujours en conséquence. Nombreux sont aussi ceux qui le savent, parmi les dirigeants des différents systèmes qui régissent nos sociétés. Une prise de conscience toute neuve, puisqu'elle semble s'être précipitée avec le tournant du siècle.

Les changements qui en découleront ne nous paraîtront sûrement ni assez déterminés ni assez rapides. Il y aura des déconvenues, des retours en arrière et même des drames poignants. Mais jusqu'ici, les grands changements se sont produits lorsqu'une proportion suffisante d'un ensemble humain était convaincue de leur nécessité. Il en sera de même devant notre impressionnante collection de problèmes. Mais toute prévision sur le temps que cela prendra semblerait aujourd'hui fantaisiste.

En attendant, il est heureusement possible à chacun d'agir sur sa propre vie, sur son environnement proche, pour veiller à tenir compte des conséquences futures de ses actions quotidiennes.

C'est tout ? Pas de truc malin, pas d'idées imprévues ? De vieilles recettes de sagesse et de comportement ? Effectivement, ce n'est pas plus que cela, car nous sommes dans le réel et que ce dernier est têtu. Nous savons en profondeur ce qu'on peut en attendre, même si nous nous réfugions volontiers dans la pensée magique. Dans les périodes incertaines et indéchiffrables, coller le plus possible au réel est la seule sauvegarde qui ne dépende que de nous. Chacun doit pouvoir remettre un peu plus de long terme dans la pratique de sa vie. Il n'y a pas d'autre espoir réaliste, mais ce n'est pas un espoir vain.

REMERCIEMENTS

Un grand merci pour leur temps et leurs idées à :

Éric Albert
Rémi Babinet
Édouard Balladur
Marie Balmain
Claude Bébéar
Christophe Caresche
Roland Cayrol
Michel Cicurel
Jean-Christophe Coblence
Daniel Cohen
Élie Cohen
Christiane Collange
Olivier Connan
Rachida Dati
Gil Delannoi
Jacques Delors
René Dosière
Alain Duhamel
Laurent Fabius
Geneviève Férone
Élisabeth Guigou
Rémy Guigou
Guy Hermet
Jean-Noël Jeanneney
Jacques Julliard
Alain Juppé
Jean-Claude Kaufmann
Pascal Lardellier
Élisabeth Laville
Corinne Lepage
Brigitte Liberman
Robert Lion
Jacques Manardo
Jérôme Monod
Michel Pébereau
Pascal Perrineau
Jean-Damien Pô
Pierre Radanne
Robert Rochefort
Hélène Roques
Pierre Servan-Schreiber
Marc Simoncini
François de Singly
Bernard Stiegler

Merci à Pascal de Rauglaudre pour son aide précieuse tout au long de la réalisation de cette enquête.

Bibliographie

Ouvrages généraux

Zygmunt Bauman, *La Vie liquide*, Éditions Le Rouergue-Chambon, 2006.

Jean Chesneaux, *Habiter le temps*, Bayard Éditions, 1996.

James Gleick, *Faster. The Acceleration of Just About Everything*, Abacus, 1999.

Daniel Halévy, *Essai sur l'accélération de l'histoire*, Éditions de Fallois, 1948 (réédité en 2001).

Robert Hassan, *Empires of Speed. Time and the Acceleration of Politics and Society*, Brill, 2009.

Carl Honoré, *In Praise of Slow*, Vintage Canada, 2004.

Elliott Jacques, *Executive Leadership : A Practical Guide to Managing Complexity*, Blackwell Publishing, 1994.

Jean-Noël Jeanneney, *L'Histoire va-t-elle plus vite ?*, Gallimard, 2001.

Stephen Kern, *The Culture of Time and Space, 1880-1918*, Weidenfeld and Nicolson, 1983.

Milan Kundera, *La Lenteur*, Gallimard, 1995.

Zaki Laïdi, *Le Sacre du présent*, Flammarion, 2000.

Paul Morand, *L'Homme pressé*, Gallimard, 1941.

Jean Ollivro, *L'Homme à toutes vitesses. De la lenteur homogène à la rapidité différenciée*, Presses universitaires de Rennes, 2000.

Jean Ollivro, *Quand la vitesse change le monde*, Éditions Apogée, 2006.

Hartmut Rosa et William E. Scheuerman, *High-Speed Society. Social Acceleration, Power and Modernity*, Pennsylvania State University, 2009.

Jean-Marc Salmon, *Un monde à grande vitesse*, Seuil, 2000.

Christophe Studeny, *L'Invention de la vitesse*, Gallimard, 1995.

Pierre-André Taguieff, *Résister au bougisme*, Mille et une Nuits, 2001.

Paul Virilio, *Vitesse et politique. Essai de dromologie*, Galilée, 1977.

Paul Virilio, *La Vitesse de libération*, Galilée, 1995.

Paul Virilio, *La Bombe informatique*, Galilée, 1998.

Paul Virilio, *Ville panique. Ailleurs commence ici*, Galilée, 2004.

Barney Warf, *Time-Space Compression. Historical Geographies*, Routledge, 2008.

Politique

Raphaëlle Bacqué, *L'Enfer de Matignon*, Albin Michel, 2008.

Philippe Delmas, *Le Maître des horloges*, Odile Jacob-Seuil, 1991.

Olivier Duhamel, *Le Starkozysme*, Seuil-Presses de Sciences Po, 2008.

Olivier Duhamel, *Le Quinquennat*, Presses de Sciences Po, 2008.

Bastien François, *La Constitution Sarkozy*, Odile Jacob, 2009.

Thierry Gandillot, *Un an sous Sarkozy*, Acropole, 2008.

Guy Hermet, *L'Hiver de la démocratie*, Armand Colin, 2007.

Jean-Paul Huchon, *Jours tranquilles à Matignon*, Grasset, 1993.

Jacques Julliard, *La Reine du monde. Essai sur la démocratie d'opinion*, Flammarion, 2008.

Jacques Ion, *La Fin des militants*, Éditions de l'Atelier, 1997.

Nicolas Lecaussin, *L'Absolutisme efficace*, Plon, 2008.

Patrice Machuret, *L'Enfant terrible. La vie à l'Élysée sous Sarkozy*, Seuil, 2009.

Pascal Michon, *Les Rythmes du politique. Démocratie et capitalisme mondialisé*, Les Prairies ordinaires, 2007.

Nicolas Tenzer, *France : La réforme impossible*, Flammarion, 2004.

Finance, économie, entreprise et consommation

Patrick Artus, *Comment nous avons ruiné nos enfants*, La Découverte, 2006.

Zygmunt Bauman, *Le Coût humain de la mondialisation*, Hachette Pluriel, 2002.

Claude Bébéar et Philippe Manière, *Ils vont tuer le capitalisme*, Plon, 2003.

Daniel Cohen, *Nos Temps modernes*, Flammarion, coll. « Champs », 1997.

Daniel Cohen, *Richesse du monde, pauvretés des nations*, Flammarion, coll. « Champs », 1998.

Daniel Cohen, *La Mondialisation et ses ennemis*, Hachette Pluriel, 2005.

Daniel Cohen, *Trois leçons sur la société post-industrielle*, Seuil, 2006.

Daniel Cohen (dir.), *27 questions d'économie contemporaine*, Albin Michel, 2008.

Élie Cohen, *Le Nouvel Âge du capitalisme*, Fayard, 2005.

Michael T. Jacobs, *Short-Term America : The Causes and Cures of Our Business Myopia*, Harvard Business School Press, 1991.

Jonathan A. Knee, *The Accidental Investment Banker*, Oxford University Press, 2006.

André Orléan, « Les marchés financiers sont-ils rationnels ? » (extrait de Daniel Cohen, *27 questions d'économie contemporaine, op. cit.*).

Robert Rochefort, *Le Bon Consommateur et le mauvais citoyen*, Odile Jacob, 2007.

Joseph E. Stiglitz, *Un autre monde. Contre le fanatisme du marché*, Fayard, 2006.

Environnement

Lester Brown, *Plan B 3.0 : Mobilizing To Save Civilization*, Earth Policy Institute, 2008.

Yves Cochet, *Antimanuel d'écologie*, Bréal, 2009.

Jean-Pierre Dupuy, *Pour un catastrophisme éclairé*, Seuil, 2002.

Jon Gertner, « Why Isn't the Brain Green ? », *The New York Times*, 19 avril 2009.

Paul Hawken, *Blessed Unrest : How the Largest Social Movement in History Is Restoring Grace, Justice and Beauty to the World*, Penguin, 2008.

Jean-Marc Jancovici, *C'est maintenant ! Trois ans pour sauver le monde*, Le Seuil, 2009.

André Lebeau, *L'Enfermement planétaire*, Gallimard, 2008.

Corinne Lepage, *Vivre autrement*, Grasset, 2009.

James Lovelock, *Gaïa : A New Look at Life on Earth*, Oxford University Press, 2000 (réédition).

James Lovelock, *The Vanishing Face of Gaïa : A Final Warning*, Basic Books, 2009.

Amory Lovins, *Natural Capitalism : Creating the Next Industrial Revolution*, Back Bay Books, 2008.

Autour de l'individu

Nicole Aubert, *Le Culte de l'urgence. La société malade du temps*, Flammarion, 2003.

Élisabeth Badinter, *Le Conflit*, Flammarion, 2010.

Nicholas Carr, « Is Google Making Us Stupid ? », *The Atlantic*, 2008.

Urs Gasser et John Palfrey, *Born Digital. Understanding the First Generation of Digital Natives*, Basic Books, 2008.

Maggie Jackson, *Distracted : The Erosion of Attention and the Coming Dark Age*, Prometheus Books, 2009.

Richard Sennett, *La Culture du nouveau capitalisme*, Hachette Pluriel, 2006.

Don Tapscott, *Grown Up Digital : How the Net Generation is Changing the World*, McGraw-Hill, 2009.

Trop vite ! se prolonge sur Internet.

En écrivant cet essai, j'ai souhaité lancer un débat sur le court-termisme et la façon dont chacun d'entre nous le vit et en subit les contraintes. Ce débat se poursuit sur le site internet de *Trop vite*, qui offre d'autres témoignages de personnalités que j'ai rencontrées, des fiches de lecture d'ouvrages publiés dans plusieurs pays ainsi que des articles qui en disent plus long sur le sujet.

Les lecteurs de *Trop vite !* y sont invités à échanger leurs impressions et apporter des témoignages.

Alors rendez-vous sur tropvite.fr et sur sa page Facebook. Vous pourrez y décrire vos propres expériences et échanger avec ceux qui s'intéressent au court-termisme comme vous, comme nous tous.

www.tropvite.fr

Table

Jean-Louis Servan-Schreiber dans Le Livre de Poche

Le Nouvel Art du temps n° 15232

Vie plus longue, durée du travail plus brève : malgré ces tendances fondamentales du nouveau siècle, nous n'avons jamais été si nombreux à nous plaindre du manque de temps et du stress qu'il provoque. Et ce n'est pas là le seul paradoxe du temps dans nos vies. Alors que nous disposons tous des mêmes vingt-quatre heures, certains s'organisent, tandis que d'autres ont « mal à leur temps »... Essayiste et journaliste, directeur notamment de *Psychologies Magazine*, Jean-Louis Servan-Schreiber nous invite à déjouer les pièges, à établir notre propre diagnostic et à trouver les rythmes qui nous conviennent. Il s'interroge aussi sur l'évolution des modes de vie et des techniques. Portables, ordinateurs, Internet, censés nous faire gagner du temps, ne sont-ils pas à leur tour sources de nouveaux stress ? Comment les utiliser au mieux ? Écrit en chapitres brefs, mêlant la réflexion philosophique au conseil pratique, ce livre vise à combattre une des plus profondes maladies de l'âme moderne.

Vivre content n° 30251

Content ? Voilà un mot qui peut paraître un peu court, étriqué, dénué d'ambition. Notre culture invoque plus volontiers le bonheur, avec ce que le mot suppose d'absolu. C'est délibérément que Jean-Louis Servan-Schreiber, directeur de *Psychologies Magazine*, se démarque d'un tel idéal pour nous parler de notre aptitude à vivre pleinement et positivement l'instant. Une aptitude que certains possèdent naturellement, mais qui néanmoins s'acquiert ou s'accroît. En vingt-cinq courts chapitres où l'analyse est étayée par l'expérience personnelle de l'auteur, celui-ci nous invite à accepter le réel et nos limites, à respecter nos rythmes, à apprendre à choisir ou à nous rendre disponibles, à déjouer les pièges que nous tend notre ego… Ce livre simple et plein de bon sens, nourri d'une connaissance approfondie des sciences de la psychologie, est surtout un message de sagesse pour notre époque désenchantée.

Du même auteur :

LE POUVOIR D'INFORMER
Robert Laffont, 1972

L'ENTREPRISE À VISAGE HUMAIN
Robert Laffont, 1973

À MI-VIE
Stock, 1977

QUESTIONNAIRE POUR DEMAIN
Ramsay, 1977

L'ART DU TEMPS
Fayard, 1983

LE RETOUR DU COURAGE
Fayard, 1986

LE MÉTIER DE PATRON
Fayard, 1990

LE NOUVEL ART DU TEMPS
Albin Michel, 2000

VIVRE CONTENT
Albin Michel, 2002

Une vie en plus
(avec François de Closets, Joël de Rosnay,
Dominique Simonnot)
Seuil, 2005

Aimer (quand même), le XXIe siècle
Albin Michel, 2012

Le Livre de Poche s'engage pour
l'environnement en réduisant
l'empreinte carbone de ses livres.
Celle de cet exemplaire est de :
250 g éq. CO_2
Rendez-vous sur
www.livredepoche-durable.fr

PAPIER À BASE DE
FIBRES CERTIFIÉES

Composition réalisée par NORD COMPO

Achevé d'imprimer en septembre 2012 en France par
CPI BRODARD ET TAUPIN
La Flèche (Sarthe)
N° d'impression : 70245
Dépôt légal 1re publication : octobre 2012
LIBRAIRIE GÉNÉRALE FRANÇAISE
31, rue de Fleurus – 75278 Paris Cedex 06

31/6165/0